KB157455

고객응대 실무 Customer Service

Preface

오늘날 고객을 만족시키고자 하는 기업 활동은 수익성과 관련되어 있으며, 결국은 시장 내에서 경쟁우위를 차지할 수 있다. 특히 서비스 전달 과정에서 고객은 서비스 직원과의 접촉이 빈번하며 이는 서비스 접점 구매선택에 영향을 주기 때문에 서비스 접점에서의 직원의 역할은 매우 중요하다. 결국 서비스 산업에서의 경쟁은 서비스의 기반이 되는 우수한 인적자원의 확보 및 양성이 경쟁의 성패를 좌우하는 매우 중요한 핵심 요소가 될 것이다.

저자는 수많은 기업에 대한 컨설팅과 직원교육 그리고 서비스 현장에서의 경험으로부터 직원교육의 중요성과 이러한 교육이 대학에서부터 이루어져 산업과 연계가 될 필요성을 절실히 느꼈다.

이에 본서는 고객만족의 중요성을 인식하고 기업의 일원으로서 고객만족을 위한 마인드 함양과 자세를 갖추고 그 방법을 습득하게 함으로써 기업에서 원하는 준비된 인재를 양성하는 데 도움이 되고자 한다.

이 책은 크게 두 부분으로 구성되어 있다.

Part 01에서는 매너와 이미지메이킹에 대한 부분으로 고객서비스를 위해 서비스인으로서 갖추어야 할 마인드와 기본 매너의 습득에 대해 다루었다.

Part 02에서는 고객서비스에 대한 이해 부분으로 서비스의 특성을 이해하고 서비스품질과 서비스회복에 대한 중요성을 인식하고 그 방법들을 습득할 수 있도록 구성하였다. 또한 고객에 대한 기본 이해와 고객접점(MOT)의 중요성과 관리에 대해 학습하고 불만고객에 대한 응대기법 등을 다루었다. 또한 세계 초일류기업들의 고객만족서비스를 벤치마킹하기 위한 다양한 사례들을 제시하였다.

이 책이 출간될 수 있도록 도움을 주신 한올출판사 관계자들께 감사의 인사를 드리며 본 도서가 사회진출을 준비하는 많은 학생과 고객접점에 있는 직원들의 역량과 자질을 갖추는 데 필요한 기본 지침서가 될 수 있기를 기대한다.

백지연

Contents

매너와 이미지 메이킹

Chapter 04 서비스인의 인사 예절

Chapter 05 서비스인의 바른 자세

고객 서비스

Chapter 07 서비스 품질의 이해

Chapter 08 서비스 회복

Chapter 09 고객과 고객 접점의 이해

Chapter 10 고객 안내와 접객 예절

Chapter 11 고객 유형의 이해

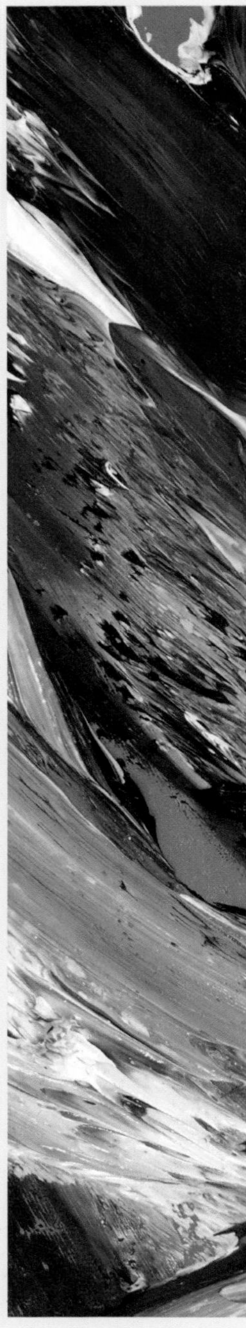

Chapter 13 고객 만족 성공 사례

고객응대실무

매너와 이미지메이킹

매너와 이미지메이킹의 이해

1. 매너와 에티켓은 같은 개념인가? 매너와 에티켓의 차이점에 대하여 생각해 봅시다.

2. 호감형 첫인상을 만드는 방법에는 어떠한 것들이 있는지 생각해 봅시다.

3. 이미지메이킹이 필요한 이유에 대해서 생각해 봅시다.

Chapter 01 매너와 이미지메이킹의 이해

1. 매너와 에티켓

1 매너

(1) 매너의 어원

- 매너(Manners)의 어원은 라틴어 '마누아리우스(Manuarius)'에서 유래되었다.
- Manuarius는 manus와 arius의 복합어로 manus는 영어의 hand의 의미로 사람의 손이라는 뜻 외에 사람의 고유 행동이나 습관을 내포한다.
- arius는 more at manual, more by manual로 방법이나 방식을 의미한다.

(2) 매너의 개념

- 사람마다 가지고 있는 독특한 습관, 행동 방식이다.
- 남들에게 바람직하고 유쾌하며 우아한 느낌을 주고자 소망하는 데서 비롯된 습관이다.

- 친절한 마음으로 상대방을 배려하고 행동하려는 정신적 자세이다.
- 상대방을 존중하며 상대방에게 불편이나 폐를 끼치지 않고 편하게 하는 것이다.
- 에티켓을 외적으로 표현하는 것이다.

영국 엘리자베스 여왕의 핑거볼 사례

핑거볼finger bowl이란 음식을 먹기 전에 손가락을 씻을 수 있도록 물이 담긴 작은 물그릇이다. 서양 테이블의 매너를 몰랐던 중국 귀빈들이 손을 씻으라고 갖다 놓은 핑거볼의 물을 마셔버렸다고 한다. 이를 본 여왕이 중국 귀빈들이 혹여나 무안해할까 봐 자신도 핑거볼에 담긴 물을 마셨다고 한다. 진정한 매너는 상대방을 무안해하지 않게 배려하는 마음과 그렇게 행할 수 있는 용기이다.

2 에티켓

(1) 에티켓의 유래

- 영어에서의 에티켓(etiquette)은 예절, 예법, 동업자 간의 불문율이란 뜻이다.
- 베르사유 궁전에 들어가는 사람에게 주어지는 티켓(tieket)에 기원을 두는 설이 있다.
- 베르사유 궁전을 보호하기 위해 궁전 주위의 화원에 말뚝을 박아 행동이 나쁜 사람이 화원에 들어가지 못하게 표시를 붙여 놓은 것('estipuier' 나무 말뚝에 붙인 출입 금지라는 의미)을 말한다.
- 그 후 단순히 '화원 출입금지'라는 뜻뿐만 아니라 상대방의 '마음의 화원'을 해치지 않는다는 의미로 넓게 해석하여 '예절'이란 의미로 통용되었다.
- 15세기 프랑스에 정착하여 안도트리시(루이 13세의 비)에 의해 궁중예법, 에티켓으로 발달하여 루이 14세 때 정비되어 보급되었다.

- 프랑스 19세기 말 부르주아 사교계의 '관례(usage)', '예의범절(civilite)'이 오늘날 프랑스 에티켓의 기초가 되었다.
- 우리 일상생활 속에 정착된 용어로서 사람들 간의 관계를 연결하는 행동과 의사를 일정한 양식과 기준에 의하여 불문율로 묶어 놓은 것을 말하며, 이에 따른 행동을 매너(manners)라고 할 수 있다.
- 에티켓(etiquette)은 프랑스 베르사유 궁전 화원에 붙인 estiquier(출입금지)라는 말에서 유래, 루이 14세 시대 궁정 에티켓으로 자리 잡았으며, 대중적인 생활예절과는 거리가 멀었다.
- 르네상스 이후 새로운 생활예절이 발생, 생활 전반에 걸쳐 실용에티켓이 자리 잡기 시작, 상하 수직적인 예의에서 상호 수평적인 예의로 변하면서 점차 형식주의에서 탈피하여 자연스러운 성격을 띠게 되었다.

(2) 정의

- 사회생활을 원활히 하기 위한 사회적 불문율이다.
- 사회생활의 모든 경우와 장소에서 취해야 할 바람직한 행동 양식을 말한다.
- 상대방에 대한 존중을 바탕으로 여럿이 함께하는 문화를 바람직하게 유지하기 위한 사회적 약속이며 질서이다.

- 법적 구속력을 갖고 있지는 않지만 사회생활을 부드럽게 하고 쾌적한 기분을 갖기 위해 지켜야 할 규범적 성격을 가진 것이다.

(3) 매너와 에티켓의 차이

- "에티켓"은 공공성을 지닌 예절로서, 현대인들이 사회생활을 영위하는 데 있어 필수적인 규범적 성격을 지닌다.
- "매너"는 자의적으로 선택 가능한 인격의 표시로서 대인 관계에서 더욱 강조되는 덕목이다.
- 에티켓은 화장실에서 노크를 하는 것이고 상대를 배려하여 조심스럽게 노크하는 것이 매너이다.

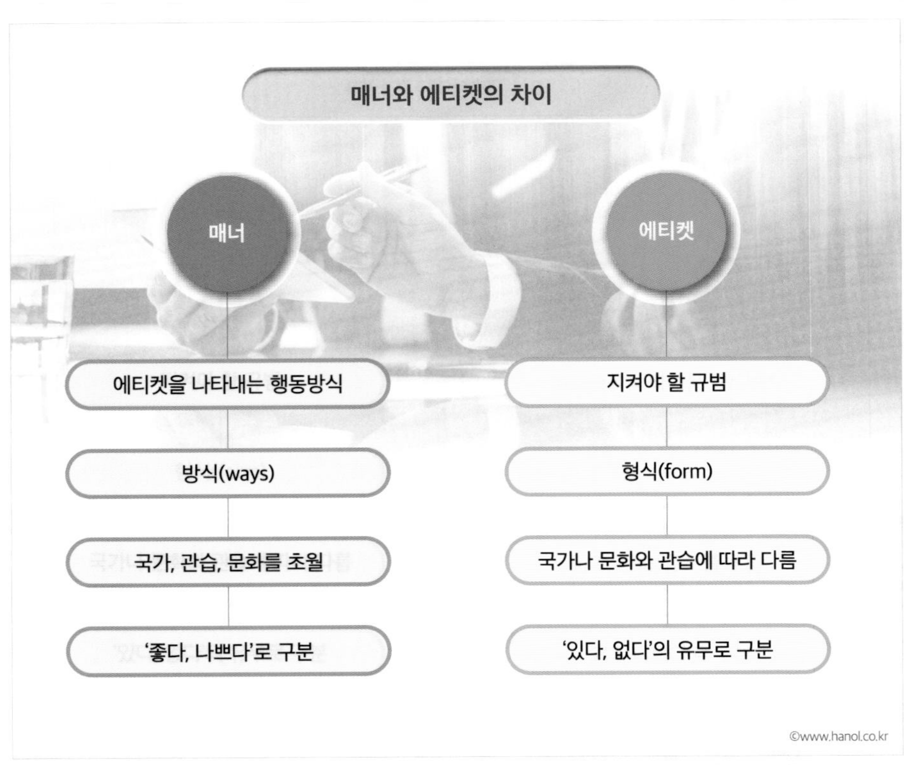

3 서비스매너

(1) 개념

- 고객과의 접점에서 고객에 대한 이해와 고객의 요구에 신속히 대응하는 기본 능력이다.
- 서비스제공에 있어 고객만족을 위해 신뢰감을 주는 이미지로 고객을 맞이하는 태도에서부터 시작된다.
- 고객 접점에서 바람직한 서비스를 제공하며 고객만족을 위해 노력하는 고객을 응대하는 행동방식이다.
- 고객 맞이에서부터 배웅에 이르기까지 고객만족을 위해 제공되는 서비스일체와 매너 있는 서비스 제공자의 태도를 포함한다.

(2) 서비스매너의 구성요인

- 고객에게 신뢰감을 줄 수 있는 이미지메이킹
- 고객을 존중하는 바른 자세와 동작
- 단정한 용모와 복장
- 고객과의 원활한 의사소통 능력
- 고객을 이해하는 공감 능력
- 고객과의 상호신뢰

4 예의범절

(1) 개념과 목적

- 일상생활에서 갖추어야 할 모든 예의와 절차를 의미한다.
- 유교 도덕 사상의 기본인 삼강오륜에 근간을 두고 발전한 동양적인 개념으로 개인과 집안에서 지켜야 할 기본적인 규범이다.

- 동양적인 개념으로 개인과 집안에서 지켜야 할 기본적인 규범이다.
- 관습과 습관을 준수함으로써 상호 간의 편의를 도모한다.
- 자신을 다스리는 수단으로 자발적이어야 하며 자기본성을 다스린다.

5 네티켓

(1) 개념

- 네트워크(network)와 에티켓(etiquette)의 합성어이다.
- 네트워크상 지켜야 할 예의범절이다.
- 가상공간에서 올바른 공동체를 형성하기 위해 필요한 개념이다.

(2) 네티켓 기본 예절

- 다른 사람에게 피해가 되지 않도록 한다.
- 건전한 정보를 취급하고 불법 행동은 금지한다.
- 타인의 사생활과 개인정보를 존중한다.
- 다른 사람의 글이나 사진 등을 표절하지 않는다.
- 다른 사람의 실수를 용서한다.
- 자신이 속한 곳의 문화와 규율에 맞게 행동한다.

(3) 인터넷상의 게시판 에티켓

- 올바른 통신언어를 사용한다.
- 주제와 적합한 내용의 글을 게시한다.
- 내용은 간결하게 요점만 작성한다.
- 진실과 사실만을 전달한다.
- 같은 글을 여러 곳에 중복하여 올리지 않는다.

2. 이미지메이킹

1 이미지와 첫인상

(1) 이미지의 개념

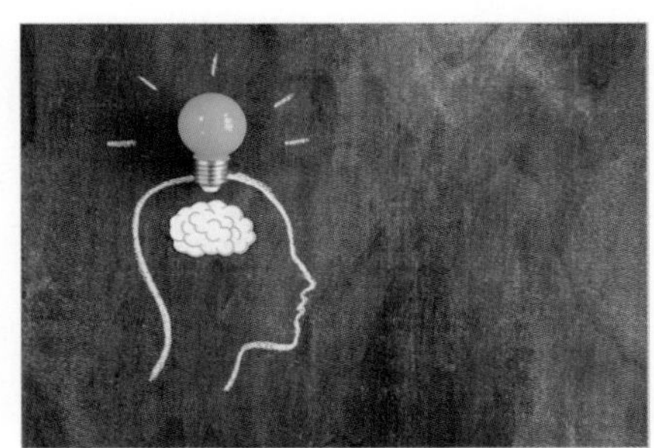

- 라틴어 'imago'에서 유래된 것으로 이는 '모방하다'라는 뜻을 지닌 'imitari'와 관련되어 있다.
- 상대방의 주관적 경험과 심리상황 등의 요인에 의해 다르게 형성된다.
- 마음속에 그려지는 사물의 감각적 영상 또는 심상을 의미한다.
- 어떤 사람이나 사물로부터 받는 느낌이나 인상을 말한다.
- 일반적으로 이미지는 인간이 어떠한 대상에 대해 갖고 있는 선입견, 개념을 말한다.
- 개인이 어떠한 대상에 대해 가지는 일련의 신념, 아이디어 및 인상의 총체이다.
- 외적 이미지는 용모, 복장, 표정 등 표면적으로 드러나는 이미지를 말한다.
- 내적 이미지는 인간의 심리적, 정신적, 정서적인 특성들이 고유하고 독특하게 형성되어 있는 사태로서 심성, 생각, 습관, 욕구, 감정 등이 유기적인 결합체를 의미한다.

(2) 이미지의 속성

- 개인의 지각적 요소와 감정적 요소가 결합되어 나타나는 주관적인 것이다.
- 이미지란 무형적 것으로 대상에 대한 직접적인 경험 없이도 형성된다.
- 주관적인 평가이기 때문에 명확히 개념을 정의 내려 연구하기 어려운 점이 있다.
- 시각적인 요소 이외의 수많은 감각에 의한 이미지도 포함한다.

- 인식체계와 행동의 동기 유인 측면에서 매우 중요한 역할을 한다.
- 형성된 이미지는 행동경향을 어느 정도 규정하는 역할을 하고, 정보를 받아들이는 경우에는 '여과기능'을 발휘한다.
- 이미지는 학습(경험)이나 정보에 의해 변용된다.
- 인간의 커뮤니케이션 행위에 의해 형성, 수정, 변화되어 간다.

(3) 첫인상

- 사람의 첫인상은 머릿 속에 오래 기억된다.
- 한 번 결정된 좋지 않은 첫인상을 바꾸는 데는 많은 노력과 시간이 소모되므로 첫인상 관리는 매우 중요하다.
- 첫인상을 바꾸는 데 적어도 7시간에서 40시간을 투자하고 노력해야 회복된다.

❶ 첫인상 전달의 특징

- 첫째, 일회성으로 첫인상이 전달되는 기회는 거의 한 번 뿐이다. 처음 전달되고 각인되어진 정보는 가장 인상 깊게 보존되는 특성을 갖는다.
- 둘째, 신속성으로 첫인상이 전달되는 시간이 불과 7초에서 15초 정도라는 주장들이 있으나, 일반적으로는 이보다 훨씬 빠른 순간에 전달되는 경우가 많다.
- 셋째, 일방성으로 첫인상은 그 사람의 사실이나 진가를 확인하지 않고 보여지는 사람의 동의 없이 보는 사람의 기준에 따라 일방적으로 각인된다.
- 넷째, 상상과 연상을 가능케 하는 것으로 실제와는 다른 사람을 떠올리거나 이미 익숙하게 기억하고 있던 사물과 연상하거나 혼동하여 그것을 첫인상으로 입력시키는 것이다.

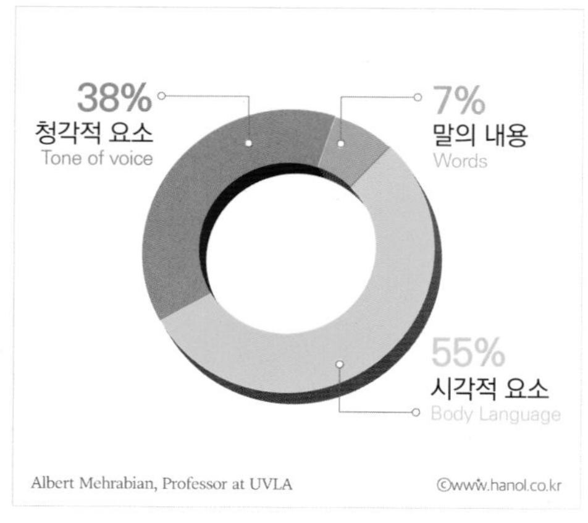

메리비안(mehrabian) 법칙

- 엘버트 메리비안이 1971년에 출간한 저서에 발표되었다.
- 이미지메이킹은 커뮤니케이션에 있어 매우 중요한 요소이다.
- 대화를 통해 상대방에 대한 호감 혹은 비호감을 느끼는 데에 차지하는 비율로 상대로부터 받는 이미지를 좌우한다.
- 시각이미지는 자세, 용모와 복장, 제스처 등 외적으로 보이는 부분(55%)이다.
- 청각은 목소리의 톤이나 음색처럼 언어의 품질을 나타낸다.(38%)
- 언어는 말의 내용을 나타낸다.(7%)
- 호감 가는 표정이나 자세 또한 첫인상을 결정짓는 중요한 요소이다.

2 첫인상과 관계된 심리적 효과

(1) 첫인상 형성에 영향을 미치는 효과

❶ 초두 효과(Primacy Effect)

- 처음 제시된 정보가 나중에 제시된 정보보다 기억에 훨씬 더 큰 영향을 주는 현상이다.
- 처음의 정보와 이미지는 이후에 이와 반대되는 정보를 차단하는 역할, 인상형성에서 초두효과는 왜 일어나는가에 대하여 연구자들은 주의감소(attention decrement) 설명과 해석세트(interpretive set) 설명을 제시한다.
- 주의감소 설명에 의하면 목록에서 뒷부분에 해당하는 항목들은 앞부분보다 지치고 주의가 흐트러지면서 더 적은 주의를 기울이게 된다.
- 해석세트의 설명에 따르면 처음에 제시되는 항목들이 최초의 인상을 형성하여 뒤에 따라 오는 정보를 해석하는 데 사용된다고 한다. 이 과정에서 부합되지 않는 사실은 도외시하거나 목록의 뒷부분에 나오는 단어들의 의미는 미묘하게 바뀌어버린다는 것이다.

❷ 최신 효과(Recency effect)

- 시간적으로 가장 마지막에 제시된 정보, 즉 최근에 받은 이미지가 인상 판단에 많은 영향을 끼친다는 효과이다.
  미국 템플대학교 심리학 교수 로버트 라나Robert Lana가 제시한 용어로 초두 효과의 반대용어로 메시지에 담긴 내용의 친숙도에 따라 초두 효과 또는 최신 효과가 나타난다고 했다.

❸ 빈발 효과(Frequency Effect)

- 첫인상이 좋지 않게 형성되었다고 할지라도 반복해서 제시되는 행동이나 태도가 첫 인상과는 달리 진지하고 솔직하게 되면 점차 좋은 인상으로 바뀌는 현상이다.

❹ 후광 효과(Halo Effect)

- 에드워드 손다이크(Edward Thorndike)는 이 현상을 '어떤 대상에 대해 일반적으로 좋거나 나쁘다고 생각하고 그 대상의 구체적인 행위들을 일반적인 생각에 근거하여 평가하는 경향'이라고 설명하였다. ('하나를 보면 열을 안다')
- 외모나 지명도 또는 학력과 같이 어떤 사람이 갖고 있는 한 가지 장점이나 매력 때문에 다른 특성들도 좋게 평가되는 현상을 말한다.
- 한 가지 좋은 점을 보고 그것의 다른 점까지 모두 좋을 것이라고 예측하는 효과이다.

❺ 악마 효과(Devil Effect)

- 후광 효과와 반대되는 현상으로 보이는 외모로 모든 것을 평가하여 상대를 알기도 전에 부정적으로 판단해 버리는 것이다. 한 가지 단점이 그 사람의 전체적 평가에 영향을 미치는 것이며 무의식적인 편견이 이미지에 미치는 효과이다.

❻ 부정성 효과(Negativity Effect)

- 부정적인 특징이 긍정적인 특징보다 인상 형성에 더 강력하게 작용하는 것이다.
- 어떤 정보에 대해서 긍정적인 내용과 동시에 부정적인 내용의 정보를 접하게 되었을 때 부정적인 정보가 더욱 강력하게 작용하는 효과이다.

❼ 맥락 효과(Context Effect)

- 처음에 알게 된 정보에 나중에 알게 된 새로운 정보들의 지침을 만들고 전반적인 맥락을 제공하는 것을 말한다. 즉, 처음에 긍정적인 정보를 얻은 대상이라면 이후에도 긍정적으로 생각하려는 현상을 가리킨다. 얼굴이 예쁜 사람이 공부를 잘하면 지혜로운 자라고 생각하게 되는 반면, 못생긴 사람이 공부를 잘하면 독하다고 생각하는 것이 맥락 효과의 예라고 볼 수 있다.

❽ 방사 효과(Radiation Effect)

- 매력 있는 사람과 함께 있을 때 사회적인 지위나 가치를 높게 평가하는 현상이다.
- 사람들이 거리에서 예쁜 여자와 다니는 못생긴 남자를 봤을 때 그 남자에게 뭔가 다른 특별한 것이 있을 것이라고 판단하는 것처럼, 매력 있는 짝과 함께 있을 때 사회적 지위나 자존심이 고양되는 심리 효과이다.

3. 서비스인의 이미지메이킹

1 이미지메이킹의 개념

- 자신이 가지고 있는 모습을 상황에 맞게 개선하여 신뢰감을 높일 수 있는 모습으로 연출하는 것이다.
- 개인이 추구하는 목표를 이루기 위해 자기 이미지를 통합적으로 관리하는 행위이다.
- 외적인 이미지를 강화해서 긍정적인 내적 이미지를 끌어내는 시너지 효과를 일으키는 것이다.
- 사회적 지위에 맞게 내적 이미지와 외적 이미지를 최상의 모습으로 만들어가는 과정이다.

2 서비스인의 이미지메이킹 요인

① 마인드

- 이미지메이킹을 왜 해야 하는지에 대한 필요성을 인식하는 것이 우선이다.
- 고객 접점에서의 직원의 이미지는 자신이 속한 기업의 대표 이미지임을 인식해야 한다.
- 긍정적이고 책임감 있는 마인드 함양이 필수 요소이다.

② 표정

- 첫인상 7초의 법칙에서와 같이 밝은 표정과 미소는 첫인상의 시작이다.
- 표정은 그 사람의 마음의 문이며 긍정적인 마인드로부터 밝은 표정이 표출된다.

③ 용모

- 개성을 강조한 용모와 복장 연출보다는 소속된 기업의 이미지에 알맞은 용모 연출이 중요하다.
- 단정하고 깔끔한 유니폼 착용과 메이크업, 헤어 연출이 중요하다. 그 사람의 옷차림이나 선택되어진 색채, 메이크업의 형태나 헤어스타일, 피부 관리, 심지어는 성형수술에 이르기까지 그 사람의 심성이나 생각에 의해서 결정되고 연출되어진다. 외모는 내부에 깔려 있는 조건들에 의하여 현재의 모습으로 표출되는 것이다.

④ 태도

- 신뢰감을 줄 수 있는 태도는 인사 자세, 걸음걸이, 앉기와 서기, 안내 자세 등의 모든 행동 예절을 포함한다.

⑤ 말씨

- 그 사람의 독특한 생각이 습관을 만들어가고 습관은 생각에 상호 보완작용을 하여 말로 표현되는 것이다. 상대방에게 신뢰를 줄 수 있는 화법과 올바른 경어 사용 등이 대화 예절에 포함된다.

3 이미지메이킹의 5단계

- **첫째, 자신을 잘 알아야 한다.**Know Yourself

  자기 자신을 객관화하여 자신의 장점과 단점을 파악하고 자신의 장점을 극대화해 나가야 한다.

- **둘째, 자신의 모델을 설정해야 한다.**Model Yourself

  자신의 모델을 선정하는 것은 자신의 목표를 수립하는 것이다.
  목표를 세움으로써 자신이 나아갈 방향을 구체화하여 자신이 선택한 모델을 모방하는 과정을 통해 자신의 개성이 드러날 수 있도록 노력해야 한다.

- **셋째, 자신을 개발해야 한다.**Develop Yourself

  자신이 설정한 목표의 완성을 위해 끝없이 노력해야 한다.
  자기 개발을 위해서는 무엇보다도 적극적이고 능동적인 자세가 요구되며, 자기 확신을 바탕으로 한 지속적인 노력을 해야 한다.

- **넷째, 자신을 연출해야 한다.**Direct Yourself

  자신의 개성을 토대로 자신의 이미지를 상황과 대상에 맞도록 표현해야 한다.
  상대에게 호감을 주고 신뢰감을 심어줄 수 있는 긍정적인 이미지의 연출이 필요하다.

- **다섯째, 자신을 팔아야 한다.**Market Yourself

  자신의 가치를 상대에게 인식시키고, 높은 평가를 받을 수 있도록 노력하는 것이다. 자신의 능력과 정체성을 상품화하거나 브랜드화하고, 명품화해야 한다.

Chapter 01

매너와 이미지메이킹의 이해

나의 이미지 진단

❶ 내가 생각하는 이미지

❷ 타인이 생각하는 나의 이미지

❸ 비교 및 분석

❹ 느낀점 및 개선점

롤링페이퍼를 통해 내가 생각한 나의 이미지와 동료(친구, 제삼자)들이 생각하고 있는 나의 이미지는 어떠한 차이점이 있는지 비교 · 분석해 봅시다.

내가 생각한 나의 이미지	
타인이 생각하는 나의 이미지	

	동일한 점	다른 점
비교 분석		
느낀점 및 개선점		

고객응대실무

표정 연출

1. 표정으로 오해를 하거나 받은 적이 있는 경험에 대해 생각해 봅시다.

2. 좋은 표정을 갖기 위한 습관에는 어떠한 것들이 있는지 생각해 봅시다.

Chapter 02 표정 연출

1. 표정 연출

1 밝은 표정의 중요성

- 표정을 통하여 첫인상이 결정되고 그것이 이미지를 형성한다.
- 초두효과와 같이 밝은 표정의 첫인상은 호감이나 호의적인 태도를 형성한다.
- 표정은 내면의 의미가 표출되는 것으로 감정을 나타내어 의사소통에 있어 중요한 요소이다.
- 미소는 자신감 있는 사람으로 보이게 한다.
- 상대방의 부정적인 감정을 긍정적으로 바꿀 수도 있다.

2 밝은 표정의 효과

(1) 건강 증진 효과

웃음이 건강에 좋다는 것은 많은 연구 결과에서 학자, 의사들의 공통된 견해이다.

(2) 호감 형성 효과

웃음은 서비스 맨의 인상을 좋게 해주어 고객에게 호감과 친밀감을 줄 수 있다.

(3) 감정 이입 효과

웃음은 서비스 맨의 기분만 좋아지게 하는 게 아니라 그를 상대하는 고객의 기분까지 즐겁게 해준다.

(4) 마인드 컨트롤 효과

일부러라도 웃다 보면 저절로 기분이 좋아지는 게 웃음이다.

(5) 실적 향상 효과

서비스 맨의 웃음은 영업 실적을 증대시킨다.

(6) 신바람 효과

웃음은 수많은 고객을 상대하는 고달픈 상황하에서도 그것을 극복할 수 있는 활력소이다.

(7) 시선 맞추기(eye contact)

- 시선은 자연스럽고 부드럽게 상대방을 바라보는 것이 중요하다.
- 마음의 창이라는 눈은 좋은 커뮤니케이션의 수단이다.
- 고객과의 시선 맞추기는 성실, 관심, 신뢰 등을 표현한다.
- 대화를 나눌 때 시선을 피하거나 주위를 두리번거리는 사람은 상대방에게 불쾌감을 주며 신뢰감을 형성하지 못하게 된다.
- 눈을 빤히 쳐다보면 상대방이 불편하므로 눈과 미간, 코 사이를 번갈아 보는 것이 좋다.

- 안경을 착용한 경우 안경 너머로 본다거나 시선을 부산스럽게 하지 않도록 주의한다.

2. 미소 만들기

1 미소를 위한 근육 운동

(1) 준비 운동

- 이미지 트레이닝을 통해 좋은 기억을 연상한다.
- 입 안에 바람을 넣어 골고루 굴리면서 얼굴 근육을 풀어준다.
- 손바닥을 30~40번 정도 비벼서 열을 낸 다음 얼굴에 얹는다. (혈행을 좋게 해주는 동작)

(2) 눈썹과 눈 운동

- 조용히 눈을 감고 긴장을 풀어준다.
- 미간에 힘을 주었다 풀었다를 반복한다.
- 일자로 된 자나 볼펜을 눈썹에 갖다 대고 눈썹이 보이도록 올려서 6초, 내려서 6초 정도를 6회 이상 반복한다.
- 놀란 토끼 눈처럼 최대한 크게 떠서 6초, 꽉 감고 6초를 유지하는 운동을 반복한다.
- 눈동자를 굴려 좌·우·상·하 끝을 6초씩 바라본 다음 시계방향으로 한 바퀴 돌려주고, 반대로 돌려주는 운동을 6회 이상 실시한다.

(3) 코와 턱 운동

- 코에 주름이 잡히도록 찡그리고 5초간 유지한 후 푼다.
- 콧방울을 크게 부풀렸다가 힘을 뺀다.
- 턱 전체가 아래로 당겨지도록 입을 벌린다.
- 자연스럽고 무리하지 않는 범위에서 아래턱을 좌우로 움직인다.

(4) 입·볼 운동

- 검지를 입꼬리 양쪽 끝 밑에 갖다 대고 아름답지, 멋있지 하면서 동시에 입꼬리를 올려서 6초간 유지한다.
- 입 안에 공기를 넣었다 뺐었다를 10 회정도 반복한다.
- 입 안에 공기를 넣은 채로 상·하·좌·우로 움직이며 볼살의 근육을 풀어준다.
- 입을 크게 벌리고 아, 에, 이, 오, 우를 반복한다.

아에이오우 연습

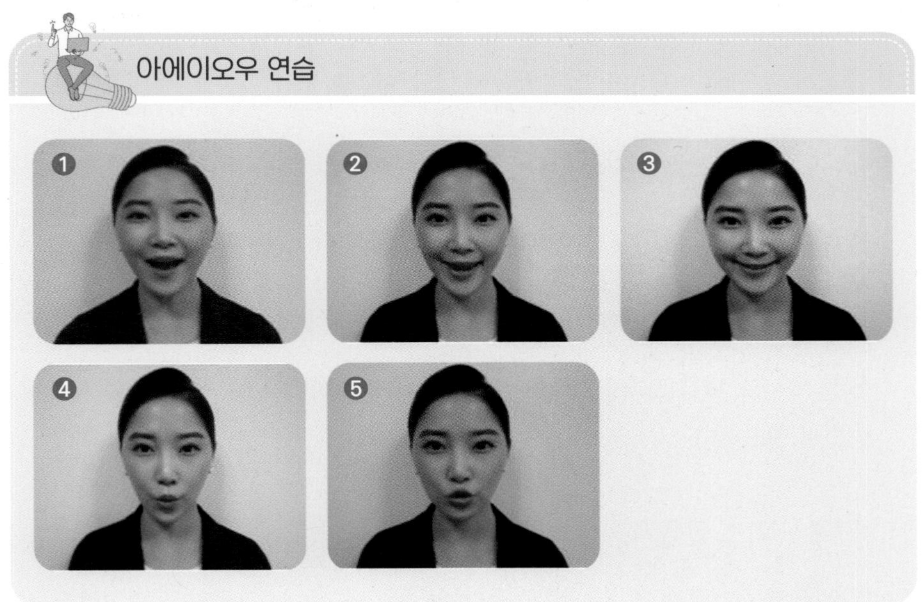

2 스마일 엑서사이즈

웃는 얼굴에서 가장 중요한 것은 입 모양이다. 입 모양이 어떻게 움직이고 입 끝이 어느 방향을 향하느냐에 따라 웃음이 달라지기 때문이다. 얼굴 근육은 다른 근육과 마찬가지로 사용할수록 강해지고 더욱 정확한 움직임을 만들어낼 수 있다.

(1) 1단계 – 근육 풀어주기

입술 주위의 근육을 풀어주는 것이 스마일 엑서사이즈의 첫 번째 단계이다. 일명 '도레미 연습'이라 불리기도 하는 입술 근육 풀기 운동은 낮은 도부터 높은 도까지 각 계명을 큰 소리로 분명하게 세 번씩 말하는 것이다. 그냥 이어서 하는 것이 아니라 한 음절씩 끊어서 발음해야 하며 정확한 발음이 나도록 입술 모양에 신경 써야 한다.

(2) 2단계 – 입술 근육에 탄력 주기

- 웃는 얼굴을 만들 때 가장 중요한 곳은 입꼬리이다. 입술 주위의 근육을 단련시키면 입꼬리의 움직임을 보다 깔끔하고 보기 좋게 만들 수 있으며 주름 예방에도 효과가 있다.
- 등을 똑바로 세우고 거울 앞에 앉아 최대한 수축하거나 늘어나도록 반복해서 연습이 필요하다.

(3) 3단계 – 미소 만들기

- 긴장을 푼 상태에서 각 크기별로 웃는 얼굴을 연습하는 과정인데, 입꼬리가 똑같이 올라가도록 연습하는 것이 키포인트이다. 입꼬리가 삐뚤어지면 표정이 별로 아름답게 느껴지지 않기 때문이다.
- 다양하게 웃는 얼굴을 연습하는 과정에서 자신에게 가장 잘 어울리는 미소를 발견할 수 있다.

① 작은 미소

- 입꼬리를 양쪽 똑같이 위로 끌어올리며 윗입술도 끌어올리듯 긴장을 준다.
- 앞니 2개가 약간 보이도록 한 채 10초간 그대로 유지한 다음 다시 풀어준다.

❷ 보통의 미소

- 근육을 천천히 긴장시키면서 입꼬리를 양쪽 똑같이 위로 올리며 윗입술도 위로 끌어올리듯 긴장을 시킨다.
- 윗니가 6개쯤 보이게 하며 눈도 약간 웃으며 10초간 그대로 유지한 다음 다시 풀어준다.

❸ 큰 미소

- 근육이 당겨질 정도로 강하게 긴장시키면서 입꼬리를 양쪽 똑같이 위로 올리고 윗니가 10정도 보이게 한다.
- 아랫니도 살짝 보이게 하며 10초간 유지한 다음 원상태로 돌아가 긴장을 풀어준다.

(4) 4단계 – 미소 유지하기

- 원하는 미소를 찾아내면 그 표정을 최소한 30초간 그대로 유지하는 훈련을 해야 한다.
- 나무젓가락을 앞니로 가볍게 물고 입꼬리를 나무젓가락에 맞추어 양쪽 모두 올린다.
- 입술 양 끝을 이은 선이 나무젓가락과 수평을 이루는지 살피고 10초간 유지한다.
- 처음 상태에서 나무젓가락을 살짝 뺀 다음 그 상태로 유지하도록 연습한다.

(5) 5단계 – 미소 수정하기

- 훈련을 열심히 했지만 웃는 얼굴이 어딘지 어색하고 불완전하다면 다른 부분에 문제가 있는지 점검해 본다.

❶ 결점 1. 입꼬리가 삐뚤어지게 올라간다.

- 양쪽 입꼬리가 나란히 올라가지 않는 사람이 의외로 많으며 이때는 나무젓가락을 이용해 훈련하는 것이 효과적이다.

- 처음에는 힘들지만 반복하다 보면 어느새 양쪽 끝이 올라가서 깔끔하고 세련된 미소를 지을 수 있다.

② 결점 2. 웃으면 잇몸이 드러난다.

- 웃으면 유난히 잇몸이 많이 드러나는 사람들은 웃을 때 자신감이 없어서 입을 가리거나 어색한 웃음을 짓게 된다.
- 자연스러운 웃음은 잇몸이 보이는 결점을 가려주는데, 본인이 잇몸을 의식하기 때문에 자연스럽고 환한 웃음을 짓기 어렵다.
- 잇몸이 나오는 경우, 입술 근육의 훈련으로 약점을 보완할 수 있다.

미소 만들기 Tip

1단계: 마음에 드는 미소 고르기
- 여러 형태로 마음껏 웃어본 후 가장 마음에 드는 웃음을 선택한다.
- 잇몸이 얼마나 보이는지 확인한다.

2단계: 원하는 미소를 반복 연습한다.
- 거울을 보면서 1단계에서 고른 미소를 만들어본다.
- 잇몸이 살짝 나오는 정도에서 아름답게 웃는 모습을 꾸준히 반복 연습한다.

3단계: 윗입술 당기기
- 크게 미소 지으면서 잇몸이 적게 보이게 하려면 윗입술에 약간 힘을 주어 당겨 내린다.
- 이 상태를 10초 정도 유지하며 연습한다.

문장발음 연습

- 작년에 온 솥장수는 새 솥장수이고, 금년에 온 솥장수는 헌 솥장수이다.
- 상표 붙은 큰 깡통은 깐 깡통인가? 안 깐 깡통인가?
- 신진 샹숑가수의 신춘 샹숑쇼우
- 서울특별시 특허허가과 허가과장 허 과장
- 저기 저 뜀틀이 내가 뛸 뜀틀인가 내가 안 뛸 뜀틀인가.
- 앞집 팥죽은 붉은 팥 풋팥죽이고, 뒷집 통죽은 햇콩단콩 콩죽, 우리 집 깨죽은 검은깨 깨죽인데, 사람들은 햇콩단콩 콩죽 깨죽 죽 먹기를 싫어하더라.
- 우리 집 옆집 앞집 뒷창살을 홑겹창살이고, 우리집 뒷집 앞집 옆창살은 겹홑창살이다.
- 내가 그린 기린 그림은 긴 기린 그림이고, 니가 그린 기린 그림은 안 긴 기린 그림이다.
- 간장 공장 공장장은 강 공장장이고, 된장 공장 공장장은 공 공장장이다.
- 저기 계신 저분이 박 법학박사이시고, 여기 계신 이분이 백 법학박사이시다.
- 저기 가는 저 상장사가 새 상 상장사냐 헌 상 상장사냐.
- 중앙청 창살은 쌍창살이고, 시청의 창살은 외창살이다.

3. 자가 이미지 진단

이미지 지수(외적 이미지)

번호	질 문	
1	대체로 나의 외모에 만족한다.	
2	거울이 있으면 습관적으로 몸 전체의 표정을 쭉 훑어본다.	
3	나보다 매력적인 사람을 만나면 그 사람의 외적 이미지를 유심히 관찰한다.	
4	평소 잘 웃는 편이다.	
5	사람을 처음 만날 때 웃으면서 악수를 할 수 있다.	
6	직장 상사로부터 꾸중을 들을 때 멋쩍은 미소를 띤다.	
7	사람들 앞에 나서는 것이 결코 두렵지 않다.	
8	화장을 자연스럽게 잘하는 편이다.(남자는 면도를 제대로 잘하고 다닌다.)	
9	얼굴에 트러블이 생기면 재빨리 피부과에서 진료를 받는다.	
10	체중이 불어나면 그 즉시 식사량 조절에 들어간다.	
11	피부색에 어울리는 컬러를 알고 체형의 결점을 커버하는 패션 감각을 가지고 있다.	
12	튀는 패션 컬러와 스타일을 좋아하며 상황에 맞는 옷을 입을 줄 안다.	
13	깔끔하고 단정한 패션스타일을 좋아하며 상황에 맞는 옷을 입을 줄 안다.	
14	상사를 만날 때 검정색 옷(양복)을 입지 않는다.	
15	여러 종류의 스카프(넥타이)를 가지고 있다.	
16	귀걸이, 목걸이, 반지, 팔지 등의 액세서리를 한꺼번에 다 착용하지 않는다.	
17	자세는 구부정하지 않고 반듯하며 걸음걸이가 당당하다.	
18	몸짓과 제스처는 우아하고 품위가 있다.	
19	인사성이 좋고 친절하다.	
20	상대방을 배려하는 습관이 몸에 배여 있고 공중도덕을 잘 지킨다.	
21	내 목소리가 상대에게 거부감을 주지 않는지를 늘 의식한다.	
22	교양 있는 말투로 겸양어를 자주 사용한다.	
23	상대의 말을 잘 듣는 편이다.	
24	대화를 할 때 상대의 눈을 쳐다본다.	
25	음식을 깨끗하게 먹고 쩝쩝 소리내지 않는다.	

이미지 지수(내적 이미지)

번호	질 문	
1	현재의 내 이미지에 만족하는 편이다.	
2	나에게 뚜렷한 희망과 목표가 있다.	
3	나쁜 습관보다 좋은 습관을 더 많이 가지고 있다.	
4	상대가 나를 어떻게 생각할까 늘 의식한다.	
5	매사에 긍정적이고 적극적이다.	
6	나는 감정적이기보다 이성적이다.	
7	서점에 가면 꼭 자기계발서나 성공스토리를 다루는 코너를 찾는다.	
8	잔잔한 클래식 음악을 들으며 책 읽는 것을 즐긴다.	
9	각종 문화행사에 대한 관심이 많아서 즐겨 찾는다.	
10	분노를 느낄 때 심호흡을 하며 흥분을 가라 앉힌다.	
11	눈치(이해력과 판단력)가 빠른 편이다.	
12	무력감과 우울증에 빠져 있는 시간이 짧다.	
13	자동차나 전철 속에서 성공한 미래의 내 모습을 자주 그린다.	
14	매일 짧게라도 명상을 한다.	
15	사람들을 만나는 것이 즐겁고 대인관계도 원만하다.	
16	남에게 말한 계획은 반드시 지키려고 노력한다.	
17	항상 메모하는 습관을 가지고 있다.	
18	스트레스가 쌓이면 영화를 보거나 좋아하는 운동을 한다.	
19	컴퓨터 앞에 있는 시간이 즐겁다.	
20	생각하고 고민하는 것보다 먼저 행동으로 옮긴다.	
21	시간 약속을 잘 지키는 편이다.	
22	친구와 쓸데없는 수다를 떨고 나면 시간이 아깝다는 생각이 든다.	
23	하루의 수면 시간은 다섯 시간 내외이다.	
24	내 사전에 심심하고 무료한 시간이란 있을 수 없다.	
25	나에겐 이미지 모델이 있다.(내가 닮고 싶어 하는 인물이 있다.)	

이미지 지수- 평가 결과

구분	A	B	평가 결과
I	12 ~ 25		• 당신은 내적 이미지와 외적 이미지 모두에 관심이 대단히 많은 사람입니다. 또한 삶에 대한 의욕도 대단히 강하고, 자신만의 개성을 지속적으로 잘 개발한다면 원하는 바를 무엇이든 이룰 수 있습니다.
II	12~25	12 미만	• 당신은 내적 이미지의 가치를 중요시 여기는 사람입니다. 때로는 외적 이미지를 추구하는 사람들에게서 우월감을 느낄 때도 있습니다. 그러나 당신은 생각을 바꾸지 않으면 안 됩니다. • 당신은 스스로 이런 생각만 고치면 무엇이든 받아들일 수 있는 잠재력을 지닌 사람입니다. 지금부터 외적 이미지에 눈을 돌리면 빠른 속도로 외적 이미지의 개선 효과를 볼 수 있습니다. 당신의 지성에 걸맞은 외적 이미지가 구축된다면 당신은 너무나 매력적인 사람이 될 것입니다.
III	12 미만		• 당신은 내적 이미지와 외적 이미지 모두 관심이 부족한 사람입니다. 무슨 일을 해도 잘되지 않는다는 패배 의식을 가지고 있으며 자신감이 부족하여 매사에 소극적인 사람입니다. 먼저 행동하면서 외적 이미지를 구축해 보십시오. 그러면 어느새 내적 이미지마저 강화된 당신을 발견하게 될 것입니다.
IV	12 미만	12~25 미만	• 당신은 외적 이미지에 대한 관심은 많으나 자신에게 맞는, 즉 만족할 만한 외적 이미지를 찾지 못하여 내적 이미지의 강화 효과를 보지 못하는 사람입니다. • 좀 더 전략적 차원에서 외적 이미지를 추구할 필요가 있습니다. 그러면 자신감을 끌어내어 점차 내적 이미지를 강화할 수 있습니다. 약간만 노력하면 성공할 가능성이 높은 사람입니다.

Chapter 02 표정 연출

다음 사진 속 인물의 표정과 이미지를 보고 느낀 점에 대해 이야기 나누어 봅시다.

Before

After

스타일만 바꿔 49세 → 31세실제 나이 34세로 변신한 드해니

고객응대실무

용모와 복장

1. T.P.O에 따라 요구되는 바람직한 용모복장에 대해 생각해 봅시다.

2. 깔끔한 메이크업과 헤어를 연출하기 위해 주의해야 할 사항에 대하여 생각해 봅시다.

Chapter 03 용모와 복장

1. 용모 복장의 연출

1 용모와 복장의 중요성

- 자신의 인격의 표현이다.
- 자신에 대한 존경뿐만 아니라 상대에 대한 존경까지도 나타낸다.
- 첫인상에 영향을 미칠 수 있으며, 그에 따라 타인과의 신뢰형성에 영향을 준다.
- 단정한 용모 복장은 본인에게 자신감을 갖게 하고 자신의 삶에 긍정적인 영향을 준다.
- 단정한 용모 복장은 상대방에게 신뢰감을 줄 수 있는 가장 기본이 되는 이미지 요소이다.

2 남성 용모 복장의 기본

- 머리는 단정히 하고 귀를 덮을 정도로 너무 길지 않게 한다.
- 남성 복장은 정장이 기본으로 체형에 딱 맞는 사이즈를 선택한다.
- 컬러는 감색, 회색(짙은 회색), 검정이 무난하다.

- 단추를 채울 땐 투 버튼 자켓은 윗 단추, 쓰리 버튼 자켓은 위의 2개나 가운데를 채운다.
- 양복단추, 와이셔츠 단추는 떨어진 곳이 없어야 한다.
- 드레스셔츠는 흰색이 기본이며, 반팔은 피한다.
- 드레스셔츠 안에는 속옷을 입지 않는다.(감이 얇은 여름용 셔츠 제외)
- 드레스셔츠의 깃과 소매는 슈트 보다 1~1.5cm 보이도록 입는다.
- 넥타이로 개성을 표현하고 변화 있게 연출할 수 있다.

남성 용모 체크

머리	• 깨끗이 면도하였는가? • 앞머리가 눈을 가리지 않는가? • 비듬은 없는가? • 집에서 갓 일어난 흔적은 없는가?
얼굴	• 수염, 코털이 자라 있지 않는가? • 이는 깨끗하고, 입냄새는 없는가? • 눈이 충혈되어 있거나 안경이 더럽지 않는가?
셔츠	• 소매 부분이나 칼라 부분이 깨끗한가? • 셔츠 색상과 무늬가 적당한가? • 다림질은 잘되어 있는가?
넥타이	• 비뚤어져 있거나 풀어져 있지는 않는가? • 때, 얼룩, 구김은 없는가? • 양복과 어울리는가? • 길이는 적당하고 타이핀의 위치는 바른가?
상의	• 주머니가 불룩할 정도로 많은 물건을 넣지 않았는가?
양말	• 화려한 색상이나 무늬는 아닌가?
손	• 더러워져 있지는 않는가? • 손톱은 적당한가?
구두	• 잘 닦여 있는가? • 색상이나 형태는 적합한가?

- 넥타이는 길이의 끝이 벨트 버클에 오도록 한다.
- 바지길이는 구두 등을 살짝 덮고 양말이 보이지 않는 정도가 적당하다.
- 양말은 정장 바지보다 짙은 색을 착용한다.
- 구두는 깨끗하게 닦아 신는다.
- 두발, 손톱, 수염, 헤어스타일 등에 항상 세심한 관심을 두어 청결한 마음을 갖도록 한다.
- 불룩한 주머니, 무릎이 튀어나온 바지, 느슨한 벨트, 꼬인 넥타이, 더러운 구두, 때 묻은 와이셔츠, 현란한 양말은 자기 스스로 살펴야 한다.

3 여성 복장의 기본

- 여성의 복장은 일하기 편하고, 세련미를 나타낼 수 있는 것이 핵심이다.
- 체형에 맞는 스타일을 선택하여 개성을 살린다.
- 여성 정장의 색은 검은색, 회색, 베이지색, 감색, 파스텔 톤 등이 적당하다.
- 체형이 지나치게 드러나는 타이트한 옷이나 노출이 심한 옷은 삼간다.
- 정장에 어울리는 단정한 구두를 착용한다.
- 스타킹은 살색이 기본이지만, 옷과 어울리게 하기 위해 회색이나 검은색의 착용은 괜찮다.
- 스타킹은 파손에 대비해 예비용을 준비하는 것이 좋다.

여성 용모 체크

머리	• 청결하고, 손질은 되어 있는가? • 일하기 쉬운 머리형인가? • 앞머리가 눈을 가리지는 않는가? • 머리 액세서리가 너무 화려하지는 않는가?
화장	• 피부 처리 및 부분 화장이 흐트러지지는 않았나? • 립스틱 색깔이 너무 어둡거나 밝지는 않나?
복장	• 구겨지지는 않았나? • 스커트의 단처리가 깔끔한가? • 어깨에 비듬이나 머리카락이 붙어 있지는 않나?
손	• 손톱의 길이는 적당한가? • 손은 깨끗한가?
스타킹	• 색깔은 적당한가? • 늘어지거나 올이 나간 부분은 없는가?
구두	• 깨끗이 닦여 있는가? • 뒷축이 벗겨지거나 닳지는 않았는가? • 색상은 겉옷과 어울리는가?
악세사리	• 일에 방해가 되지는 않는가? • 지나치게 눈에 띄는 물건을 착용하지 않았는가?

4 액세서리 착용 및 기타

(1) 시계

- Colorful한 색상이나 지나치게 큰 Size가 아닌 단순한 디자인의 정장용에 한한다.
- 시계줄은 Gold, Silver, Stainless Steel이나 Black, Brown, Navy Blue 색상의 가죽 또는 고무 밴드에 한한다.
- 주니어용 캐릭터 시계의 착용을 금한다.

(2) 반지

- 단순한 디자인으로 1개까지 허용한다.
- 폭 10mm 이내의 금, 백금, 은 소재에 한한다.
- 걸리기 쉬운 돌출 형태는 금한다.

(3) 목걸이

- 제복 착용 시 외부에 비치거나 드러나지 않도록 한다.

(4) 귀걸이

- 단순한 디자인의 부착형(폭 5mm 이내) 1쌍에 한하여 허용한다.
- 유색의 보석류나 흔들거리는 디자인은 금하며 한쪽 귀에 1개씩만 착용해야 한다.

(5) 팔찌

- 화려한 종류의 팔찌 착용은 금한다.

(6) 넥타이 핀

- 지급품에 한하여 착용하며, 넥타이를 맨 상태에서 위에서 2/3 위치에 꽂는다.

(7) 벨트

- 지급품에 한하여 착용한다.
- 버클(buckle)의 도금을 포함하여 상태가 양호하지 못할 경우 즉시 교체한다.

(8) 기타

- 피어싱이나 문신 등 위에서 제시한 이외의 장신구는 착용을 금한다.

(9) 손

- 항상 청결을 유지하며, 손톱의 길이는 1mm 이내를 유지한다.
- 여직원의 경우 매니큐어를 바르는 것을 권장한다.
  - 매니큐어의 색상은 립스틱과 같은 계열 또는 투명에 한해 바를 수 있다. 단, 유색 매니큐어(manicure)를 바를 경우에는 손톱의 길이를 2mm 이내까지 허용한다.
  - 두 가지 이상의 매니큐어 사용이나 Nail Art는 금한다.
  - 살색, 핑크색 등의 자연스러운 컬러를 사용한다.

(10) 면도

- 반드시 면도를 해야 하며 면도 후에는 After Shave Lotion을 바른다.
- 코털이 밖으로 나오지 않도록 한다.

(11) 향수

- 향수는 반드시 사용하되 자신의 체취와 잘 어울리는 향수를 선택하여 너무 지나치지 않은 은은한 향을 유지한다.
- 여름철이나 땀냄새가 심한 경우에는 데오도란트(deodorant)를 사용한다.

(12) 치아

- 건강하고 깨끗한 치아를 유지한다.
- 담배나 커피 등에 의한 착색이 심한 경우에는 치아 미백 관리를 통해 깨끗한 치아를 유지한다.

(13) 렌즈

- 단순 미용을 목적으로 하는 컬러렌즈(color lens)나 서클렌즈(circle lens)의 착용은 금한다.

5 체형별 코디법

(1) 남성

❶ 키와 체격이 큰 남성

착용했을 때 여유 있는 스타일의 옷이 좋다. 너무 딱 맞는 옷을 착용할 시 오히려 체형을 강조하는 결과를 초래하므로 약간의 여유 있는 슈트를 선택하는 것이 좋다. 또한 시각적 효과를 높이기 위해 짙고 어두운 검정이나 진한 회색을 선택하는 것이 바람직하다.

❷ 키가 작고 체격이 좋은 남성

줄무늬를 이용해 키를 커 보이게 하거나 전체적으로 포인트를 위쪽으로 두어 키가 커 보이도록 하는 효과를 줄 수 있다. 밝은 색상보다 회색이나 베이지 등의 컬러를 선택하는 것이 좋다.

❸ 키 크고 마른 남성

마른 남성의 경우는 전체적으로 부드럽고 여유 있는 분위기 연출이 관건이다. 색상을 선택할 때에는 팽창색인 밝은 회색이나 진 베이지 색상이 좋으며 싱글버튼보다 더블버튼의 상의가 몸을 넉넉하게 보일 수 있도록 한다.

❹ 키가 작고 마른 남성

스트라이프 슈트가 키를 커 보이게 한다. 촘촘한 무늬보다 스트라이프 간격이 1cm 이상인 아이템을 골라보자. 단 무늬 색상이 진하게 표가 나는 것은 피하도록 한다. 색상은 라이트 그레이나 밝은 브라운 계열이 잘 어울린다.

(2) 여성

❶ 키가 크고 마른 여성

라운드형의 여성스러운 정장을 활용하는 것이 좋으며, 타이트한 옷은 피하도록 한다. 어두운 색상보다 밝은 계열의 컬러를 선택하여 안정감을 주도록 한다.

② 키가 작고 마른 여성

상의와 하의 색상은 같게 하며, 검정색보다는 밝은 계열의 회색을 추천한다. 또한 밝고 볼륨감 있는 블라우스를 착용하여 시선을 상의로 집중시켜 작은 키와 마른 체형을 커버하도록 한다.

③ 키가 크고 체격이 있는 여성

상의와 하의 색상을 다르게 연출하여 허리선과 네크라인을 강조할 수 있도록 한다. 블라우스의 경우는 장식이 많은 것은 체격을 더 돋보이게 할 수 있으므로, 장식을 최소화한 네크라인형 블라우스를 선택하여 착용하도록 한다.

④ 키가 작고 체격이 있는 여성

타이트한 정장보다는 여유 있는 정장이 좋다. 짙은 회색 혹은 검정색 정장으로 연출한 뒤 스트라이프 무늬가 들어간 정장을 착용하도록 한다.

6 얼굴형에 맞는 안경태

(1) 계란형

전체적으로 균형과 조화가 어우러진 얼굴형으로 어떤 형태의 안경테도 무난히 소화할 수 있다. 다만 너무 크거나 너무 작거나 사각형 등의 각진 형은 피해야 한다.

(2) 둥근형

건강하고 밝은 인상을 주는 반면 얼굴이 커 보이고 자칫 비대한 느낌을 줄 수 있으므로 얼굴의 세로 길이를 강조해 주는 가늘고 각진 안경테가 어울린다. 둥글거나 구부러진 형, 각이 매우 심하게 진 형은 오히려 역효과를 낸다.

(3) 사각형

건강하고 이지적으로 보이지만 딱딱한 느낌을 주므로 부드러운 둥그스름한 형태가 좋다. 작고 세로선이 강조된 테나 턱의 윤각을 강조하는 형태는 피한다.

(4) 삼각형

얼굴이 작고 빈약하게 보이므로 세로선이 강조된 형이나 가볍고 섬세해 보이는 테가 안성맞춤이다. 나비형은 금물이다.

(5) 코가 작거나 낮은 경우

받침대가 높게 달린 모델을 선택한다.

(6) 코가 높은 경우

안경의 코를 너무 높게 하지 않는 것이 좋다. 렌즈 모양은 아래쪽으로 약간 퍼진 것이 좋다.

(7) 코가 큰 경우

안경테의 단면이 큰 것을 선택한다. 안경이 강하고 묵직한 느낌을 주는 것이 오히려 좋다.

2. 메이크업 연출

1 체크 포인트

- 청결하고 건강한 느낌을 주고 있는가?
- 피부 처리 및 부분 화장이 흐트러지지 않았는가?

- 립스틱 색깔은 너무 진하거나 투명하지 않은가?
- 아이섀도가 너무 강하거나 튀지는 않은가?
- 투명 화장과 no 메이크업을 착각하고 있지는 않은가?
- 메이크업은 항상 자연스러워야 하며, 메이크업 색상은 유니폼 색상과 조화를 이루어야 한다.
- 자신의 피부타입에 따라 각 단계(skin toner - eye cream - essence- lotion - nutrition cream) 별로 꼼꼼하게 기초 화장을 한다.

2 피부 화장

(1) 메이크업 베이스(make-up base)

화장품과 오염된 환경으로부터의 피부 보호를 위해 사용하며, 자신의 피부색을 중화시킬 수 있는 색상을 선택한다.

(2) 컨실러(concealer)

얼굴에 팬 흉터나 잡티, 반점, 다크 서클(dark circle) 등이 있는 경우라면 파운데이션(foundation) 색보다 한 단계 밝은 색의 컨실러를 이용, 피부결점을 보완하여 피부톤을 고르게 한다.

(3) 파운데이션(foundation)

자신의 피부톤에 잘 맞는 색상을 선택하여 목과 얼굴의 피부색 차이가 두드러지지 않게 펴 바른다.

(4) 파우더(face powder)

투명 파우더나 반투명 파우더를 퍼프로 두드리듯이 사용하여 파운데이션의 유분기를 제거한다. 퍼프를 이용하여 지속적으로 유분기를 제거한다.

3 색조 화장

(1) 아이브로우(eyebrows)

- 주기적인 눈썹 정리로 항상 깔끔한 인상으로 유지한다.
- 눈썹의 색상은 머리카락의 색과 동일한 색상을 선택한다.

(2) 아이섀도(eyeshadow)

- 밝고 화사한 이미지를 줄 수 있는 색상 계열로 뭉치지 않게 가볍게 펴 발라 기본 색감을 연출한다.
- 반짝이가 포함되어 있거나 유분이 많아 보이는 크림 타입의 아이섀도 제품은 사용을 금한다.
- 유니폼과 어울리는 색상을 선택한다.

(3) 아이라인(eyelines)

- 액상 타입이나 펜슬 타입으로 사용할 수 있으며 색상은 Black, Dark Brown으로 제한한다.
- 눈 아랫부분의 진한 아이라인(under line) 사용은 금한다.

(4) 마스카라(mascara)

- 또렷한 눈매 표현을 위해 마스카라(mascara)는 사용하되, Black, Dark Brown으로 제한한다.

- 지나친 사용으로 두껍게 뭉치거나 번지지 않도록 한다.
- 인조 속눈썹과 속눈썹 연장시술은 금한다.

(5) 립스틱(lipstick)

- 립라이너(lipliner)를 이용하여 입술 윤곽을 깨끗하게 정리하며, 지나친 입술선 수정은 피한다.
- 아이섀도(eyeshadow)와 조화를 이루는 화사한 색상의 립스틱(lipstick)으로 입술 전체를 펴 바른다.
- 생기 있고 윤기 있는 입술 표현을 위해 립글로스(lip gross)의 사용은 허용하나, 윤곽선을 넘어서거나 지나치게 번쩍이지 않도록 유의한다.
- 유니폼과 어울리는 색상을 선택한다.

(6) 블러셔(blusher)

- 메이크업의 마무리 단계에서 생동감 있고 화사한 분위기 연출을 위해 얼굴형에 어울리게 볼 화장을 한다.
- 경계선이 보이지 않도록 주의한다.

면접 메이크업 연출

1단계: 기초 메이크업

- 미스트로 수분을 공급하고 수분 에센스를 사용한다.
- 메이크업 전 수분을 공급하여 화장 밀착력을 높인다.

2단계: 베이스 메이크업

- BB크림, 파운데이션을 바른다.
- T존과 눈밑은 얇게 한 번 더 바른다.
- 파우더를 사용한다.
- 물광 메이크업보다는 파우더 마무리를 추천한다.

3단계: 헤어라인 정리

- 헤어쉐딩을 사용한다.
- 턱과 헤어라인을 정리한다.

4단계: 아이 메이크업

- 눈썹 펜슬을 사용한다.
- 자신이 가지고 있는 눈썹 라인을 유지한다.
- 눈썹 사이를 메우듯 공간 펜슬로 정리한다.
- 아이섀도 사용
  - 강한 펄 없는 섀도를 사용한다.

아이라인 그리기

- 블랙 아이라이너로 또렷한 눈매를 연출한다.
- 눈썹 뷰러&마스카라
  - 속눈썹 뿌리부터 집어 올린다.
  - 마스카라는 눈썹점막부터 쓸어 올리듯 컬링한다.
  - 눈앞머리는 화이트 펄섀도로 눈이 커 보이는 효과를 연출한다.

5단계: 립 메이크업

- 얼굴색에 맞는 색상을 선택한다.

6단계: 포인트 메이크업

- 블러셔&하이라이트
  - 립톤과 같은 톤으로 통일감을 연출한다.
  - T존과 C존을 브러시로 가볍게 쓸어 환한 이미지를 연출한다.

얼굴형별 볼터치 메이크업

- **계란형** 계란형이니 귀엽고 동글동글하게 블러셔를 굴려주듯이 해주면 아주 쉽게 귀여운 볼터치 연출이 가능하다.
- **둥근형** 동글기 때문에 동그랗게 볼터치를 하면 더 동그랗게 보이기 때문에 약간 사선으로 내려주듯이 가볍게 블러셔를 해주면 갸름해 보인다.
- **각진형** 각진형은 넓은 부위로 넓게 블러셔를 연출한다. 넓게 사선으로 올려준다는 느낌으로 연출한다.
- **역삼각형** 수평으로 펴바르듯이 바깥쪽으로 밀어내듯 굴려가며 연출한다. 턱이 갸름해서 사선으로 하게 되면 얼굴이 더 각지고 뾰족해 보일 수 있으니 주의한다.

3. 헤어 연출

1 직원 hair do

- 항상 청결하고 건강한 상태를 유지한다.
- 젤(gel), 무스(mousse), 헤어 스프레이(hair spray) 등의 hair styling 제품 사용으로 완성된 hair style을 지속적으로 유지하되, 지나친 사용으로 젖은 것처럼 보이거나 반짝거려서는 안 된다.

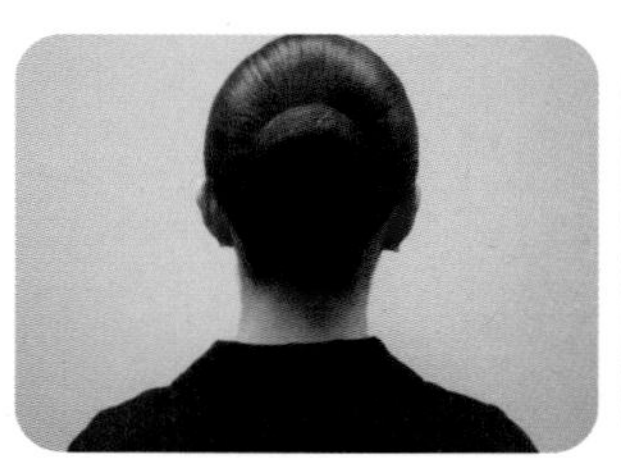
뒷모습

옆모습

앞모습

(1) Hair Color

- 자연스러운 자기 머리색, 검정색, 짙은 밤색이 무난하다.
- 지나치게 눈에 띄는 유행형 염색, 탈색 또는 부분 염색, 과다한 새치머리 또는 흰머리, 염색한 색상과 새로 자란 머리카락의 색상 차이가 두드러지는 경우를 지양한다.

(2) Hair Style

① 짧은 머리형

- 웨이브가 없는 커트 style과 어깨 선에 닿지 않을 정도 길이의 단발 style만 허용한다.
- 단발머리는 뒷머리가 지나치게 층이 생기지 않도록 가지런하게 정리한다.
- 곱슬머리나 펌을 한 경우에는 반드시 hair dryer로 웨이브를 펴서 손질한다.
- 앞머리는 눈을 가리지 않아야 하며, 서비스 시 옆머리가 흘러내리지 않도록 고정하여야 한다. 이 경우 헤어 밴드와 앞머리 고정용 핀 1개까지만 착용 가능하다.

② 긴 머리형

- French Twist Style과 망으로 감싸 묶는 style만 허용한다.
- 망으로 감싸 묶는 style의 경우 머리를 묶는 위치는 뒷머리의 중간으로 제한한다.
- 보조 핀은 2개까지 착용 가능하다.
- 잔머리는 Hair Styling 제품을 사용하여 정리한다.

2 남직원 헤어스타일

- 항상 단정하고 깔끔하게 짧은 길이를 유지해야 한다.

- 앞머리는 눈썹을 가리지 않아야 한다.
- 옆머리는 귀를 덮지 않아야 한다.
- 뒷머리는 셔츠 깃의 상단에 닿지 않도록 한다.
- 지나치게 머리 숱이 없는 경우 가발 착용을 권장한다.

3 얼굴형에 따른 헤어스타일-여자

(1) 둥근 얼굴형

- 둥근 얼굴을 최대한 길어 보이도록 하기 위해서는 앞가르마를 피하고, 옆 가르마를 이용하여 탑 부분으로 볼륨을 주고 옆 부분은 볼륨을 피한다.
- 수평선보다 수직선이 강조되는 헤어스타일을 통해 둥근형을 세련되고 개성 있게 보이도록 연출한다.
- 긴 머리가 강조되는 스트레이트나, 탑 부분에 볼륨을 주는 자연스러운 업 스타일, 옆 가르마를 이용한 탑 부분에 볼륨이 들어간 헤어스타일이 비교적 둥근 얼굴형에 어울리는 헤어스타일로 볼 수 있다.

(2) 사각형 얼굴

- 길어 보이는 것보다는 둥글게 보이는 것이 중요하므로 얼굴을 감싸는 느낌의 헤어라인 부위에 그라데이션을 많이 내는 헤어스타일이 적당하며 턱선이 드러나지 않도록 하는 것에 유의한다.
- 비대칭인 스타일이나 전체적으로 굵고 부드러운 웨이브의 스타일이 어울린다.

(3) 긴 얼굴형

- 얼굴이 전체적으로 길어 보이지 않게 하는 데 중점을 둔다.

- 이상적인 헤어스타일은 단발형의 보브스타일이다.
- 앞머리는 낮게 뱅(bang)을 만들고 옆머리는 전체적으로 층을 준 헤어스타일로 산뜻한 느낌을 준다.

(4) 역삼각형 얼굴

- 모든 헤어스타일이 비교적 잘 어울리는 얼굴형이다.
- 탑(top)을 조금 높게 하고 튼 뱅(bang)으로 이마를 좁게 하며 옆은 턱 쪽 부분에 양감을 많게 한다. 턱선을 부풀어 보이게 하여 뾰족한 것을 보완한다.

4 얼굴형에 따른 헤어스타일-남자

(1) 둥근 얼굴형

- 윗머리는 볼륨을 살리고 옆머리는 최대한 가라앉혀 준다.
- 앞머리를 이용해 가르마를 나눠 페이스 라인을 따라 넘겨주면 동그란 얼굴이 길어 보인다.
- 옆머리는 귀를 덮지 않도록 커팅해 주는 것이 한결 산뜻한 느낌을 준다.

(2) 역삼각 얼굴형

- 턱이 뾰족해 보이기 때문에 날카로워 보일 수 있다.
- 이마부터 눈까지의 면적이 턱 부분에 비해 상대적으로 넓어 보일 수 있으므로 옆머리를 내려 커버한다.
- 짧은 머리의 경우 단점을 가리려고 애쓰는 것보다 자연스럽게 손질해 주는 것이 더욱 보기 좋다.

(3) 긴 얼굴형

- 긴 얼굴은 넓은 이마가 답답하게 보이지 않을 만큼 살짝 커버해 주는 것이 좋다.
- 덥수룩하게 얼굴을 가린 것보다는 짧은 헤어스타일이 오히려 깔끔하고 지적이게 보인다.
- 눈을 덮을 정도로 긴 앞머리는 긴 얼굴을 강조하므로 피하도록 한다.

(4) 사각 얼굴형

- 각진 얼굴은 윤곽이 딱딱하고 투박해 보인다.
- 웨이브 펌을 통해 가벼운 컬을 만들어 얼굴 윤곽을 부드럽게 감싸주는 것이 좋다.
- 긴 머리가 지루하다면 옆머리는 내리고 윗머리는 위로 뻗치게 연출한다.
- 강한 헤어스타일이 턱으로 몰리는 시선을 자연스럽게 분산시켜 준다.

Chapter 03 용모와 복장

다음 사진 속 인물들의 복장을 보고 느낀 점에 대해 이야기 나누어 봅시다.

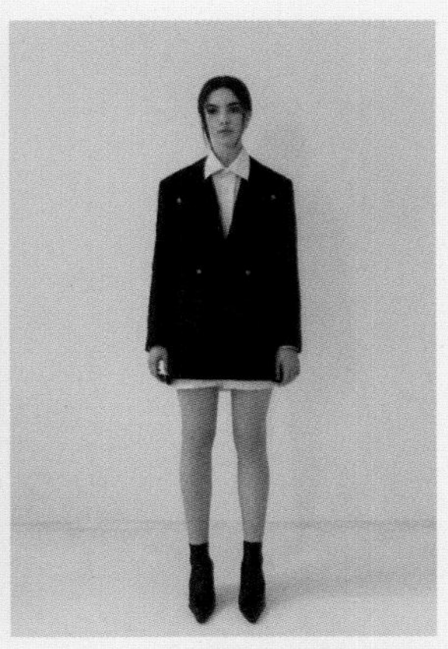

고객응대실무

Chapter 04 서비스인의 인사 예절

1. 상대방에게 호감을 얻을 수 있는 인사법이란 무엇인지 생각해 봅시다.

2. 인사의 중요성을 느낀 경험에 대하여 생각해 봅시다.

서비스인의 인사 예절

1. 인사의 중요성

인사란 상대에게 마음을 열어주는 구체적인 행동의 표현이며, 환영, 감사, 반가움, 기원, 배려, 염려의 의미가 내포되어 있다.

- 마음에서 우러나오는 만남의 첫걸음이며 마음가짐의 외적 표현이다.
- 인사하는 그 사람의 모습은 자신의 인격 표현이며 인간관계가 시작되는 첫 신호이다.
- 상대방에 대한 존경심과 친절을 나타내는 형식이다.
- 상대방이 느낄 수 있는 첫 번째 감동이다.
- 인사는 상대방을 위하기보다는 나 자신을 위한 것이다.

2. 인사의 기본 자세

- 표정 : 밝고 부드러운 미소를 지닌다.
- 시선 : 인사 전·후에 상대방을 바라보며 진심 어린 마음을 담는다.
- 턱 : 턱은 내밀지 말고 자연스럽게 당긴다.

- 어깨 : 자연스럽게 힘을 빼고, 균형을 유지한다.
- 등허리 : 곧게 펴고 머리에서 허리까지 일직선이 되도록 한다.
- 손 : 남자는 바지 봉재 선에 자연스럽게 대며 여자는 아랫배에 공수한다.
- 발 : 발꿈치를 붙이고 여성은 15도, 남성은 30도 정도로 한다.

1 올바른 인사 자세

- 바른 자세로 상대의 눈을 보며 인사말을 한다.
- 미소 띤 얼굴로 상냥하고 밝은 목소리로 인사한다.
- 15도, 30도, 45도 등 각도에 따라 굽힌다.
- 숙인 상태에서 잠시 멈춘다.
- 허리 숙인 뒤 시선은 상대방의 발끝이나 자신의 발끝에서 1~1.2m 앞을 본다.
- 상체를 올리는데 굽힐 때보다 천천히 허리를 편다.

2 올바른 공수 자세

- 의식행사 또는 어른 앞에서 두 손을 앞으로 맞잡는 것이다.
- 공수자세는 남자와 여자가 다르고 평상시와 흉상시가 다르다.
- 엄지손가락은 엇갈려 깍지를 끼고 네 손가락을 포갠다.
- 손은 배꼽에 닿도록 하고 긴 예복을 입었을 때에는 팔뚝이 수평이 되도록 한다.
- 평상시(제사, 차례 포함)에는 남자는 왼손이 위로 올라오게 포개며 여자는 오른손이 위로 올라오게 포갠다.
- 왼쪽은 동쪽이고 동쪽은 양(陽)을 뜻한다. 때문에 남자는 왼손이 위이다.
- 오른쪽은 서쪽이고 서쪽은 음(陰)을 뜻한다. 때문에 여자는 오른손이 위이다.
- 흉사 시(사람이 죽었을 때)에는 평상시와 반대로 한다.

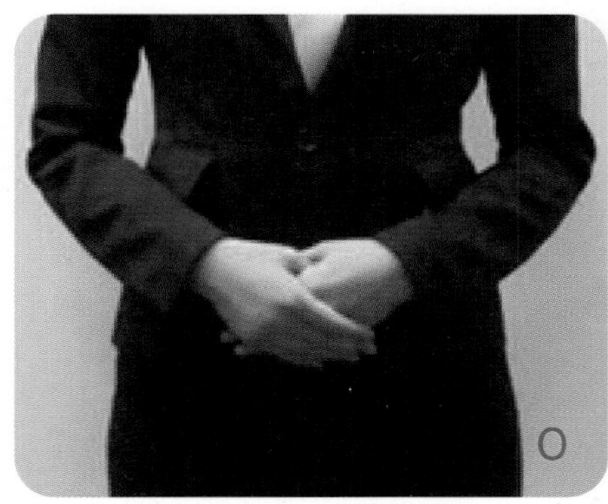

(1) 남좌여우(男左女右), 남동여서(南東女西)

- 생명이 있는 것은 태양광선을 가장 잘 받는 남쪽을 향하는 것이 정칙
- 예절의 방위에서 남쪽을 향하면 왼편이 동쪽이고 오른편이 서쪽
- 동쪽: + (陽), 서쪽: − (陰)

인사의 5 point

1. 내가 먼저 한다.
2. 상대방의 눈을 보고 미소 지으며 한다.
3. 상황에 맞춰서 한다.
4. 밝고 명랑하게 호칭하며 한다.
5. 플러스 알파의 인사말과 함께 한다.

❸ 삼가야 할 인사

- 망설임이 느껴지는 인사
- 귀찮아하며 건네는 성의 없는 인사
- 말로만 하는 인사
- 고개만 까딱하는 인사
- 무표정한 인사
- 눈을 마주치지 않고 하는 인사
- 받는 둥 마는 둥 하는 인사

3. 인사의 종류

❶ 목례

- 방법 : 상체를 숙이지 않고 가볍게 머리만 숙여서 하는 인사
- 상황 : 복도에서 2번 이상 만난 경우
  낯선 사람과 만난 경우
  양손에 짐을 든 경우
  통화 중인 경우

❷ 약례

- 방법 : 상체를 15도 정도 앞으로 기울여 가볍게 인사
- 상황 : 화장실과 같은 개인적인 공간에서의 인사
  실내나 통로, 엘리베이터 안과 같이 협소한 공간에서의 인사
  상사나 손님을 여러 차례 만난 경우
  동료, 손아랫사람에게 하는 인사

3 보통례

- 방법 : 상체를 30도 숙여 인사
- 상황 : 상대에 대한 정식 인사로 고객을 맞이하거나 배웅하는 경우
  상사에게 보고하거나 지시를 받을 경우

4 정중례

- 방법 : 가장 공손한 인사로 상체를 45도 정도 숙여 인사
- 상황 : 감사, 사죄의 표현을 하는 경우
  국빈, 국가의 원수, 집안 어른 등에게 인사
  면접, 공식적인 자리인 경우

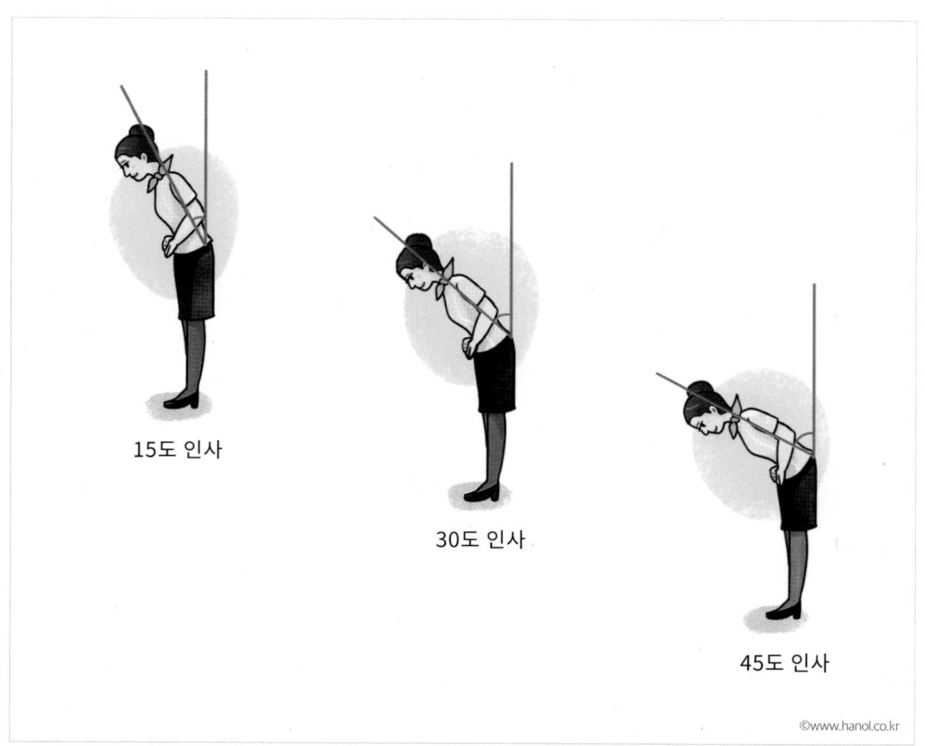

4. T.P.O에 따른 인사법

- T.P.O : Time 시간, Place 장소, Occasion 상황

1 인사의 시기

- 일반적으로 상대방의 거리가 30보 이내일 때, 가장 바람직한 것은 6보 정도일 때이다.
- 옆에서 접근하거나 갑자기 만났을 때는 즉시 하는 것이 좋다.
- 이동 중 인사해야 하는 경우 빠르게 상대방의 앞으로 가서 정중히 인사한다.
- 계단에서 마주친 경우 상대와 같은 위치로 빠르게 이동하여 정중하게 인사한다.

2 상황별 인사방법

(1) 전화 통화 중일 때

- 눈인사를 먼저 한다.
- 용무가 있는 경우 "잠시만 기다려 주시겠습니까?" 하고 양해를 구한다.
- 가급적 전화 통화를 빨리 끝내고 다시 "기다려 주셔서 감사합니다"라고 인사한다.

(2) 식당에서

- 식사 중일 경우에는 가볍게 인사말만 전하는 것이 좋다.

(3) 하루에 여러 번 상대와 마주치는 경우

- 자주 마주치는 경우에는 만날 때마다 30도 인사를 하지 않아도 된다.

- 처음 마주치는 경우 공손하게 인사를 하며 2~3번 마주치는 경우 간단한 눈인사로 대신한다.

(4) 앉아 있을 때 상사가 내 옆을 지나가는 경우

- 대기 중이거나 간단한 업무일 경우는 일어서서 인사를 한다.
- 때를 놓쳐 상사가 이미 지나간 상황이라도 인사를 해야 한다.

(5) 복도에서 상사와 마주치는 경우

- 상사를 보는 순간 바로 인사를 하고 마주쳐 지나가는 순간에 한 번 더 인사말을 하며 인사한다.
- 인사를 하며 상사가 지나갈 수 있도록 사선 걸음으로 약간 비켜서도록 한다.

(6) 계단에서 상사를 만나는 경우

- 상사가 계단 아래쪽에 있는 경우라면 상사를 보는 순간 인사를 하고 가급적 빨리 상사의 계단 위치 가까운 곳까지 내려와 인사를 한다.

(7) 인사를 생략해도 좋은 경우

- 위험한 작업 중인 경우
- 상사에게 결재를 받고 있거나 주의를 받고 있을 경우
- 회의 또는 교육 시
- 중요한 상담 시에는 생략 할 수 있다.

고객응대실무

Chapter 04 서비스인의 인사예절

인사 시 포인트를 생각하며 종류에 따른 올바른 인사를 실습해 봅시다.
(약례, 보통례, 정중례)

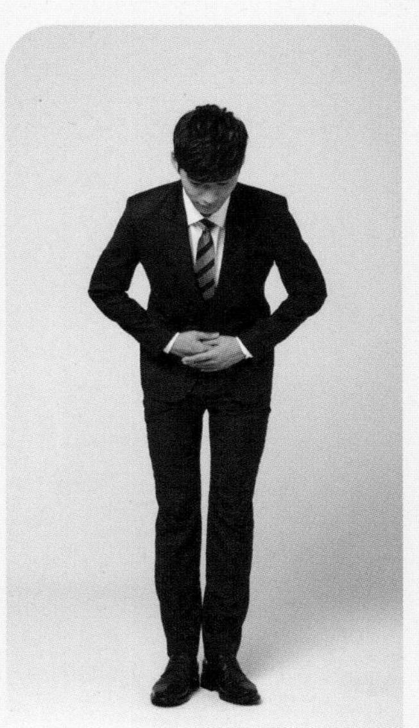

고객응대실무

Chapter 05 서비스인의 바른 자세

1. 올바른 기본자세, 앉는 자세, 걷는 자세를 위한 주의사항에 대하여 생각해 봅시다.

2. 바른 자세를 지니기 위한 노력과 그 방안에 대하여 생각해 봅시다.

Chapter 05

서비스인의 바른 자세

1. 기본 자세

1 여자

- 발뒤꿈치는 붙이고 발을 V자 모양으로 한다.
- 무릎은 힘을 주어 붙인다.
- 엉덩이는 힘을 주어 앞으로 내밀지 않도록 한다.
- 등줄기를 곧게 편다.
- 오른손이 위로 가도록 공수자세로 선다.
- 가슴은 쭉 편다.
- 어깨는 힘을 빼어 내린다.
- 턱은 당긴다.

- 팔을 가볍게 굽혀서 오른손을 위로 하여 왼손과 가볍게 포개어 준다.
- 미소를 지을 때는 입꼬리를 윗쪽으로 향하여 윗니가 보이도록 한다.
- 시선은 얼굴 정면보다 약간 떨어뜨린다.

2 남자

- 발끝을 V자 모양으로 조금 벌린다.
- 양손은 계란을 잡듯이 자연스럽게 쥐고 바지 재봉선에 붙인다.
- 시선은 얼굴 정면보다 약간 떨어뜨린다.
- 턱은 당겨 바닥과 수평이 되게 한다.
- 아랫배에 힘을 주고 허리는 곧게 편다.
- 머리와 어깨는 치우치지 않게 한다.
- 무게 중심은 엄지발가락에 둔다.

2. 앉는 자세

1 여자

- 엉덩이를 의자 깊숙이 집어 넣도록 하고 등을 반듯하게 해서 앉는다. 등과 의자 사이는 주먹 하나 정도의 간격을 둔다.
- 의자 앞에 서서 다리 하나를 뒤로 살짝 밀어 의자의 위치를 찾는다.
- 의자의 위치를 찾았으면 스커트를 잘 정리하여 자리에 앉는다.
- 자리에 앉을 때는 양손으로 스커트 앞뒤를 쓸어 내리듯이 하여 앉는다.
- 무릎 안쪽과 뒷꿈치를

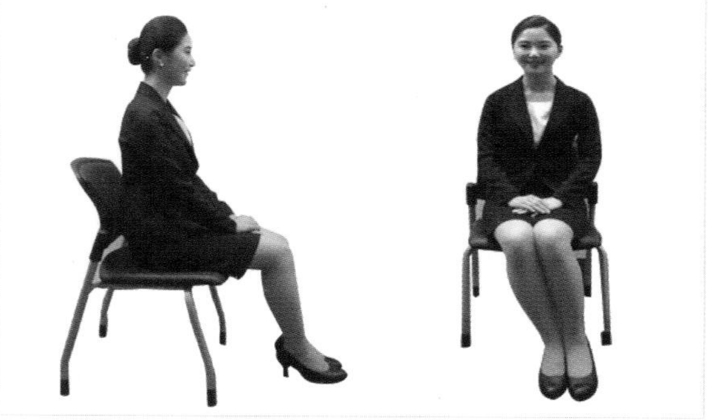

꼭 붙이고 다리를 가지런히 하고 발끝도 나란히 붙인다.

- 편히 앉을 경우 다리와 발끝을 붙여 한쪽 옆으로 비스듬히 놓는다.
- 발바닥은 밑바닥에 밀착시키고 발끝은 위쪽으로 향하도록 한다.
- 손은 오른손이 위로 오도록 하여 허벅지 중간쯤 놓거나 스커트 끝에 오도록 한다.

2 남자

- 상체를 펴고 깊게 앉되, 등받이에 기대지 않는다. 등과 의자 사이는 주먹 하나 정도의 간격을 둔다.
- 손은 엄지손가락이 들어가도록 가볍게 주먹 쥐어서, 조금 안으로 향하도록 무릎 위에 놓는다.
- 양발은 뒷굽을 무릎보다 앞으로 내놓지 않는다.
- 시선은 상대를 바라보며 다리를 꼬거나 무릎을 떤다거나 팔짱을 끼는 등의 태도는 삼간다.

3. 걷는 자세

- 밝은 표정을 한다.
- 등을 펴고 시선은 정면을 향한다.
- 팔은 자연스럽게 무릎을 스치듯 걷는다.
- 발 앞끝이 먼저 바닥에 닿도록 하며 걷는 방향이 직선이 되도록 한다.
- 발소리가 나지 않도록 체중은 발 앞에 싣는다.

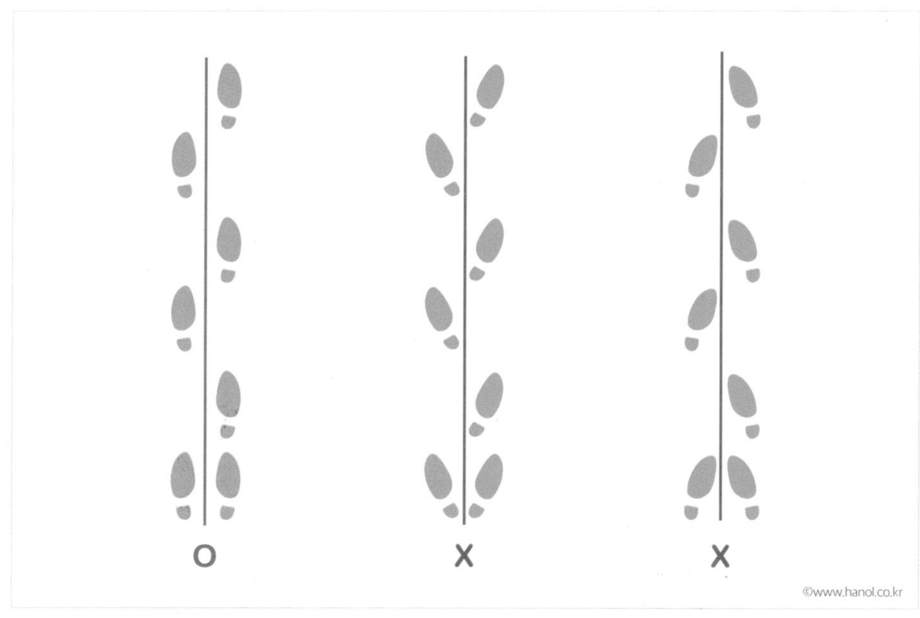

계단 오르는 자세

- 상체를 곧게 펴고 몸의 방향을 비스듬히 한다.
- 올라갈 때의 시선은 15도 정도 위로 향하여 걷는다.
- 내려올 때의 시선은 15도 정도 아래로 향하여 걷는다.
- 올라갈 때는 남자가 먼저, 내려올 때는 여자가 먼저 내려간다.

4. 상황별 올바른 자세

1 방향 안내 자세

- 가리키는 지시물을 복창한다.
- 손가락을 모으고 손목이 꺾이지 않도록 손바닥 전체를 펴서 가리킨다.
- 손을 펴는 각도로 거리감을 표시한다.
- 시선은 상대의 눈에서 지시하는 방향으로 갔다가 다시 상대의 눈으로 옮겨 상대가 이해되었는지 확인한다.(삼점법)
- 상대방의 입장에서 구체적이고 정확하게 안내한다.
- 우측을 가리킬 경우는 오른손, 좌측을 가리킬 경우는 왼손을 사용한다.
- 사람을 가리킬 경우는 두 손을 사용한다.
- 뒤쪽에 있는 방향을 지시할 때는 몸의 방향도 뒤로 하여 가리켜야 한다.

2 물건 수수 자세

- 중요한 물건은 가슴과 허리 사이에 들어 옮긴다.
- 상대방에게 공손한 위치를 선택하여 일단 멈춰선다.
- 건네주는 물건은 가슴부터 허리 사이에 위치하도록 한다.
- 반드시 양손을 사용한다.
- 밝은 표정과 함께 시선은 상대방의 눈과 전달할 물건을 본다.
- 작은 물건일 경우, 한 손을 다른 한쪽 손 밑에 받친다.
- 부피가 작고 조심스러운 물건은 종이에 싸서 전달한다.

3 출입문을 통과할 때

- 인기척을 낸다.(노크는 1초에 한 번씩 2~3회)
- 문을 열고 닫을 때는 발로 밀거나 몸으로 밀지 않으며 손만을 사용한다.
- 두 손에 물건을 들고 있을 때는 물건을 내려놓은 후 문을 연다.
- 문턱을 밟고 서거나 밟고 넘지 않도록 한다.
- 가능한 한 방 안의 사람에게 자신의 뒷모습을 보이지 않는다.
- 문을 열고 닫을 때는 소리가 나지 않도록 하고 걸을 때 발소리를 내지 않는다.
- 문은 필요 이상 활짝 열지 말고, 열어 놓은 채 일을 보지 않는다.

4 삼가야 할 동작

- 사내에서 스마트폰을 보며 걷는다.
- 의자에 기댄 채 몸을 흔든다.
- 사람들이 보는 곳에서 기지개를 켜거나 하품을 한다.
- 고객을 앞에 두고 옆 직원과 잡담을 한다.
- 책상이나 서류함에 걸터앉는다.
- 책상 의자에 다리를 꼬고 앉아 신발은 반만 걸치고 흔든다.
- 양손을 주머니에 넣은 채 걷는다.
- 책상 의자에 비스듬히 앉아 일한다.
- 이쑤시개를 입에 넣은 채 걷는다.
- 남이 보는 데서 화장을 고치거나 무릎을 벌리고 앉는다.
- 사적인 통화가 잦고 길다.
- 근무시간 중에 귀를 후비거나 손톱을 깎는다.

Chapter 05 서비스인의 바른 자세

올바른 자세들을 실습해 봅시다.

❶ 바른 자세로 걸어오기

❷ 기본 공수 자세로 서기

❸ 의자에 바르게 앉았다 서기

고객응대실무

대화 예절

1. 대화의 기술 중 기본이 되는 것은 무엇이라고 생각하는지 그 이유에 대해 생각해 봅시다.

2. 상대방과의 효과적인 커뮤니케이션을 위해 어떠한 기술 등이 필요한지에 대해 생각해 봅시다.

Chapter 06 대화 예절

1. 경청

1 경청의 의미

상대의 말을 듣기만 하는 것이 아니라, 상대방이 전달하고자 하는 말의 내용은 물론이며, 그 내면에 깔려 있는 동기(動機)나 정서에 귀를 기울여 듣고 이해된 바를 상대방에게 피드백(feedback)하여 주는 것을 말한다.

경청(傾聽) 聽 ← 耳 + 王 + 十 + 目 + 一 + 心

왕과 같은 귀, 매우 커다란 귀로 들을 때 상대의 이야기를 집중해서 들어야 한다. 열 개의 눈, 완벽한 눈, 마음의 눈으로 상대를 집중해서 바라보는 것, 하나의 마음으로 들을 때는 상대의 마음과 하나가 되어야 한다.

2 경청의 장애 요인

- 들으면서 다른 생각을 한다.
- 선입견을 가지고 듣는다.

- 상대의 잘못된 점을 지적하고 판단에 열중한다.
- 듣기보다 말하기를 선호한다.
- 메시지 내용에 대한 무관심

3 효과적인 경청을 위한 방법

- 말하지 말고 말하는 사람에게 동화되도록 노력한다.
- 질문하라, 전달자의 메시지에 관심을 집중시킨다.
- 진정으로 듣기 원하는 것을 보여주어라. 인내심을 가져야 한다.
- 산만해질 수 있는 요소를 제거, 메시지의 요점에 관심을 둔다.
- 동의할 수 있는 부분을 찾아 온몸으로 맞장구를 쳐야 한다.

4 다양한 경청 기법

(1) 경청 1, 2, 3 기법

- 자신은 1번 말하고 상대의 말을 2번 들어주며, 대화 중에 3번 맞장구치며 대화한다.

(2) 공감적 경청 B.M.W

- Body(자세) : 표정이나 눈빛, 자세나 움직임을 상대에게 기울인다.
- Mood(분위기) : 말투나 음정, 음색, 말의 빠르기, 높낮이를 고려한다.
- Word(말의 내용) : 상대를 존중하고 상대가 원하는 것이 무엇인지 집중하여 경청한다.

(3) 적극적 경청

- 상대방의 입장을 이해하면서 듣는다.

- 상대방의 이야기를 속단하여 판단하지 않는다.
- 이해하지 못한 부분이 있다면 질문을 통해 이해한다.
- 상대방의 이야기를 중도에 끊거나 가로채지 않는다.
- 상대방의 이야기에 고개를 끄덕이거나 몸을 기울이는 등의 적극적인 태도를 취한다.
- 상대방의 이야기에 메모하는 모습을 보인다.

(4) 경청 Family 법칙

- Friendly : 친절하게 경청
- Attention : 집중하며 경청
- Me, too : 공감하며 경청
- Interest : 관심 갖고 경청
- Look : 바라보며 경청
- You are centered : 상대를 중심으로 경청

타인과의 대화에 있어서 흔히 범하는 착각

- 내가 사용하는 단어의 의미를 다른 사람도 나와 같이 똑같은 의미로 받아들일 것이라고 착각
- 내가 열심히 듣기만 하면 타인의 이야기를 잘 이해할 것이라고 착각
- 다른 사람도 나와 똑같은 방식으로 이해할 것이라고 착각

실습 1

다음의 내용을 읽고 감정과 객관적 사실에 해당되는 부분을 구분하여 봅시다.

A. 김영민 씨를 아십니까? 그는 드디어 올해 물리학 박사학위를 받았습니다.
가난한 소작농의 막내아들로 태어나 불우한 어린 시절을 보냈지만 오랜 세월 동안 끊임없는 노력의 결과를 이룬 그에게 박수를 보냅니다.

a. 감정 부분 :

b. 객관적 사실 :

B. 차가 너무 막히네요. 지름길은 없을까요? 저는 1시간 후에 마지막 비행기를 타야 하는데 이 비행기를 놓치면 아버님의 임종을 못 볼지도 몰라요.

a. 감정 부분 :

b. 객관적 사실 :

C. 준호야! 지금이 도데체 몇 시니? 하루 종일 전화 한 통 없이 이 시간까지 뭐 하다가 이제 들어온 거야?

a. 감정 부분 :

b. 객관적 사실 :

2. 말하기 스킬

1 신뢰화법

상대방에게 신뢰감을 줄 수 있는 대화는 말 어미의 선택에 따라 조금씩 달라질 수 있다.

- 다까체 : ~입니다, ~입니까?
- 요조체 : ~에요, ~죠?
- 다까체 : 70% + 요조체 30%가 적절함
- 예 : A는 B죠? → A는 B입니까?

2 쿠션화법

부탁하거나 양해를 구해야 할 때 미안한 마음을 먼저 전하여 상대방이 받는 충격을 줄일 수 있는 완충작용을 하여 감정과 의사를 전달하는 표현이다.

예 실례합니다만, 죄송합니다만, 번거로우시겠지만, 괜찮으시다면, 바쁘시겠지만 등

3 레어드화법

사람은 "이렇게 해"와 같은 명령조의 말을 들으면 반발심이나 거부감이 들 수 있다. 의뢰나 질문 형식으로 바꾸어 말하면 거부감을 줄일 수 있다.

예 ~해 주시겠습니까?

4 긍정화법

- 부정적 표현보다 긍정적 표현, 긍정적인 부분을 강조한다.

- 긍정적인 내용을 먼저 이야기하고 나중에 부정적인 것을 말한다.

예 기다리게 해서 죄송합니다 → 기다려 주셔서 감사합니다.
~는 안됩니다 → ~하면 가능합니다.

부적절한 어휘의 종류

- 요죠체 : ~구요. ~거든요.
- 부정어 : 아니에요. 그렇지 않습니다. 안 됩니다.
- 명령어 : ~하세요. ~하셔야 됩니다.
- 훈계조 : ~라고요. 그건 아니죠.
- 책임을 회피하는 어휘 : ~라고 합니다.
- 신뢰감이 떨어지는 어휘 : ~일걸요?, 아마 제 생각에는~
- 어복이 있음 : 음~~, 어~~, 그~~

실습1

- 학습한 내용을 바탕으로 적절한 서비스 표현으로 바꾸어 봅시다.

바람직하지 못한 표현	바람직한 표현
남편분, 아저씨, 와이프	
(고객 목소리가 잘 안 들릴 때) 네?/여보세요?	
적어보세요(전화상)	
내용을 불러주세요(전화상)	
본인 맞으세요?(본인이세요?)	
알려 드릴게요	
모르겠는데요	
잠깐만요	
(대기 후) 여보세요~	

바람직하지 못한 표현	바람직한 표현
어떻게 오셨습니까?	
OOO 씨죠?	
성함은요?	
일단은 죄송하구요	
네? 뭐라구요?	

5 질문기법

- 효과적인 질문은 고객의 심리적 방어를 해소한다.
- 상대방의 의견 및 이야기를 많이 듣기 위해서 질문요령이 필요하다.
- 주의 깊은 질문을 통해 교감을 느끼게 하고 참여시켜서 상대방의 마음을 열게 한다.
- 질문에 대해 상대방이 답을 하면서 스스로 설득이 된다.

✔ 과거 질문은 미래 질문으로

"왜 문제가 발생했나요?" → "어떻게 하면 해결할 수 있을까요?"

✔ 부정 질문은 긍정 질문으로

"무엇이 확실하지 않은 거죠?" → "확실한 점은 무엇입니까?"

✔ 폐쇄형 질문('네, 아니요'의 대답이 가능)은 개방형 질문으로

"이 제품을 사용해 보시니 좋으셨습니까?" → "이 제품을 사용해 보시니 어떠셨습니까?"

(1) 개방형 질문 : 고객이 자유롭게 의견이나 정보를 말할 수 있도록 묻는 질문 기법

구분	세부 내용
장점	• 고객의 마음에 여유를 가질 수 있음 • 고객이 자유롭게 자신의 의견을 표출할 수 있음 • 고객이 적극적으로 이야기함으로써 고객의 니즈를 파악할 수 있음 • 고객이 지각하는 범위를 넓히고 태도, 생각, 느낌 등을 물을 수 있음
단점	• 제시된 보기를 선택하는 것이 아니므로 시간이 오래 걸림 • 개방형 질문이 많으면 설문이 길어지고, 대답할 용기를 잃게 되면서 심리적 반발이 생길 수 있음
예시	• 무엇을 도와드릴까요? • 결혼 생활에서 어떤 어려움이 있나요? • 회사 서비스를 이용해 보시니 어떠셨습니까?

(2) 선택형 질문 : 고객에게 "네/아니요"로 대답하게 하는 질문기법

구분	세부 내용
장점	• 단순한 사실, 또는 몇 가지 중 하나를 선택하게 하여 고객의 욕구를 파악 • 고객의 니즈에 초점 • 화제를 정리하고 정돈된 대화 가능
단점	• 고객이 대답할 수 있는 방법이 제한되기 때문에 고객에 대한 이해 폭 좁힘 • 어쩔 수 없이 하나를 고르게 함으로써 조사자의 편의가 있을 수 있으나 고객의 의중을 파악하기 어려움 • 신뢰성과 타당성을 검토한 정밀한 사전 감사를 거쳐야 함
예시	• ~이 언제부터 안 되었습니까? • 한식과 양식 중 어떤 것을 선택하시겠습니까? • 승합차를 원하십니까? 아니면 승용차를 원하십니까? • 자녀의 학교에서 체벌을 많이 하나요?

(3) 확인형 질문 : 고객의 입을 통해 확인받는 기법으로 상대의 말을 반문하면서 확인하는 질문기법

구분	세부 내용
장점	• 고객의 답변에 초점을 맞춘다. • 고객의 니즈를 정확하게 파악할 수 있다. • 처리해야 할 사항을 확인받을 수 있다.

구분	세부 내용
단 점	• 고객이 지루하게 느낄 수 있다. • 고객의 말을 반문하며 확인하는 듯이 느낄 수 있다.
예 시	• ○○○을 전달해 드릴 주소는 어떻게 되는지 말씀해 주시겠습니까? • 고객님의 연락처는 어떻게 되세요? • 주문 내역이 ~가 맞습니까?

6 나-전달법(I-message) 사용

- 부정적인 감정 표현뿐만 아니라 긍정적인 감정을 전달하는 데에도 효과적인 방법이다.
- 상대방을 비난하지 않고 문제가 되는 상대방의 행동에 대해 '나'를 주어로 하여 자신의 생각이나 감정을 표현함으로써 그 행동이 나에게 미친 영향을 구체적으로 상대방에게 전달하는 표현법이다.
- 상대방을 비난하는 입장에서 말하는 것을 '너-전달법(You-message)'이라고 한다.

I-Message와 You-Message

구분	나-전달법	너-전달법
정의	'나'를 중심으로 하여 상대방의 행동에 대한 자신의 생각이나 감정을 표현하는 대화방식	'너'를 중심으로 하여 상대방의 행동을 표현하는 대화방식
예시	〈표현〉 "자네가 요즘 지각을 자주 하니 지각하는 습관이 될까봐 내가 걱정이 되네." • 상사: 지각을 하지 않았음 한다. • 직원: 내가 지각을 자주 하니 상사가 걱정을 하시는구나.	〈표현〉 "자네는 어떻게 매일 지각이야?" • 상사: 지각을 하지 않았음 한다. • 직원: 상사가 나에 대한 신뢰가 없다.
결과	• 상대방에게 나의 입장과 감정을 전달함으로써 상호이해를 도울 수 있다. • 상대방에게 개방적이고 솔직하다는 느낌을 전달하게 된다. • 상대방은 나의 느낌을 수용하고 자발적으로 자신의 문제를 해결하고자 하는 의도를 갖게 된다.	• 상대방에게 문제가 있다고 표현함으로써 상호관계를 파괴하게 된다. • 상대방에게 일방적으로 강요, 비난, 공격하는 느낌을 전달하게 된다. • 상대방은 변명하려 하거나 반감, 저항, 공격성을 보이게 된다.

7 고객 유형별 상담 기법

고객 유형	상담 기법
빈정거리는 고객	• 대화의 초점을 주제 방향으로 유도하여 해결에 접근할 수 있도록 하며, 자존심을 존중
우유부단한 고객	• 인내심을 가지고 천천히 응대, 개방형 질문 • 여러 가지 선택 사항 중에서 선택하도록 함 • 여러 가지 의사 결정 과정을 안내
거만한 고객	• 비위를 잘 맞추어 주면서 빨리 결정하고 해결할 수 있도록 함 • 고객에게 따지거나 가르치듯이 하는 것은 금물 • 칭찬해 주거나 맞장구치면서 상담함
무리한 요구를 하는 고객	• 고객이 무리한 요구를 하고 있음을 납득할 수 있도록 차근차근 설명
성격이 느긋한 고객	• 강매가 되지 않을 정도로 1~2가지 상품을 골라 권하지 않으면 더 오랜 시간이 걸릴 수 있음
아는 체하는 고객	• 비위를 잘 맞추면 비교적 빨리 의사결정을 함 • 고객을 가르쳐 주는 식은 금물
말이 많은 고객	• 경청한다는 것을 느낄 수 있도록 맞장구가 필요 • 때때로 포인트를 확인하고 주도권을 잡음 • 정면충돌은 피하도록 주의

8 고객 상황별 상담 기법

고객 상황	상담 기법
고객이 말이 없을 때	• 편안한 분위기를 조성, "천천히 둘러보세요."라고 한 후 아이컨택(Eye Contact) • "Yes, No"로써 대답할 수 있는 선택형 질문 등으로 고객 기호를 파악

고객 상황	상담 기법
상품을 물끄러미만 볼 때	• 무분별한 호객행위보다는 아이컨택(Eye Contact)을 함 • 관심 있는 부분에 대해서 설명 • 고객의 행동보다 한 단계 앞선 질문을 함
가격이 비싸다고 할 때	• 가격에 대해 인정한 후 제품 효과와 다른 제품과의 차이점을 설명
동행의 경우	• 동행도 접객의 범위로 들어 올 수 있도록 함
고객이 망설이고 있을 때	• 고객의 기호를 파악한 후 상품을 권하는 것이 좋음
고객이 변덕스러울 때	• 고객의 기호를 파악한 후 한 종류의 상품을 자신을 갖고 권함
고객이 의심이 많을 때	• 대충적인 설명을 피하고 자신을 갖고 확실하게 설명

실습 2

- 학습한 내용을 바탕으로 적절한 서비스 표현으로 바꾸어봅시다.

바람직하지 않은 용어	바람직한 표현
우리 ○○ 회사	
누구신데요?	
자리에 없어요(유선상 응대 시)	
좀 기다리세요.	
지금은 바쁩니다.	
모릅니다.	
안됩니다. 못합니다.	
그럴 리가 없는데요.	

3. 바람직한 대화 원칙

1 대화의 법칙

- 경청, 또 경청하라
- 단답형 답변이 나올 수 있는 질문을 하지 말라
- 상대가 좋아할 만한 질문을 던져라
- 자기 이야기는 하지 말라
- 질문을 짧게 던져라
- 감정이 드러난 질문이나 답변을 삼가라

2 대화할 때 삼가야 할 일

- 처음 만난 사람에게 직장 직위부터 묻는 것
- 결혼 여부, 연령 등을 묻는 것
- 거리에서 만난 사람에게 어디 가느냐 묻는 것
- 상대의 체격에 대한 것
- 필요치도 않는 출신 학교나 학력을 묻는 것
- 상대를 비꼬는 듯한 이야기
- 자기나 자기 가족 자랑을 하는 것
- 지나치게 말을 않거나, 말을 많이 하는 것
- 거짓말이나 과장을 하는 것
- 개인의 비밀이나 약점을 잘 아는 체 말하는 것
- 말하기 곤란해하는 사적인 것을 자꾸 캐묻는 것

3 말 잘하는 사람들의 8가지 공통점

① 익숙한 주제라도 새로운 시각을 가지고 사물을 다른 관점에서 본다.

② 열정적으로 자신의 일을 설명한다.

③ 폭넓은 시야를 가지고 일상의 다양한 논점과 경험에 대해 생각하고 실천한다.

④ 언제나 자기 자신에 대해서만 말하지 않는다.

⑤ 호기심이 많아서 좀 더 알고 싶은 일에 대해서 "왜?"라는 질문을 가진다.

⑥ 상대에게 공감을 나타내고 상대의 입장이 되어 말할 줄 안다.

⑦ 유머감각이 있어 자신에 대한 농담도 꺼려하지 않는다.

⑧ 말하는 데 자기만의 스타일이 있다.

4 기분 좋은 대화법

- 마음을 열고 즐겁게 듣는다.
- 맞장구를 쳐준다.
- 잘못은 바로 지적하지 않는다.
- 상대가 이야기하도록 질문한다.
- 적절하게 끼어든다.

고객응대실무

Chapter 06 대화 예절

호텔에 투숙한 고객이 한밤중에 프런트에 전화를 걸었다. 내가 프런트 담당자라면 어떻게 응대하겠는가? 적절한 응대 표현에 대하여 생각해 봅시다.

고객 : 옆방 사람들이 너무 떠들어요. 지금이 몇 신데, 참나.

프런트 담당자 :

고객응대실무

고객 서비스

Contract

Chapter 07

서비스 품질의 이해

1. 자신이 생각하는 '서비스란 무엇인지' 생각해 봅시다.

2. 서비스인이 가져야 할 마인드에 대하여 생각해 봅시다.

3. 어느 기업의 서비스의 품질을 평가할 때 어떠한 기준으로 평가할지 생각해 봅시다.

Chapter 07 서비스 품질의 이해

1. 서비스의 정의

서비스(service)의 어원은 라틴어의 노예를 의미하는 '세르브스(servus)'이며 '노예가 주인에게 충성을 바친다'는 의미에서 출발한다.

서비스에 대한 정의는 학자들마다 다르다.

- 서비스란 판매를 위하여 제공되거나 혹은 상품판매에 수반되는 제반 활동으로서 통신, 수송, 이용고객 서비스, 수선 및 정비 서비스, 신용평가 등을 말한다. (미국 마케팅협회 AMA, 1966)
- 서비스는 행위(deeds), 과정(processes) 및 그 결과인 성과(performances)이다.(Zeihaml·Bitner, 1998)
- 서비스란 한쪽이 상대편에게 제공하는 효용이나 그에 따른 행위로서 본질적으로 무형성을 갖고 소유권 이전 행위를 수반하지 않는다. 서비스의 생산은 유형제품에 연결될 수도 있고, 그렇지 않을 수도 있다.(Kotler, 1984)

SERVICE

- S(smile & speed) 서비스는 미소와 함께 신속하게 하는 것이다.
- E(emotion) 서비스는 감동을 주는 것이다.
- R(respect) 서비스는 고객을 존중하는 것이다.
- V(value) 서비스는 고객에게 가치를 제공하는 것이다.

- I(image) 서비스는 고객에게 좋은 이미지를 심어 주는 것이다.
- C(courtesy) 서비스는 예의를 갖추고 정중하게 하는 것이다.
- E(excellence) 서비스는 고객에게 탁월하게 제공되어야 한다.

2. 서비스의 특성

1 무형성

무형성(intangibility)은 형태가 없다는 의미로서 객관적으로 누구에게 형태를 제시할 수 없으며 물체처럼 만지거나 볼 수 없어 그 가치를 파악하거나 평가하는 것이 어렵다.

(1) 인식이 곤란하다.

무형성의 특성으로 인하여 손에 쥐고 감지할 수 있는 유형의 재화보다도 상대적으로 인식이 어렵다. 따라서 서비스는 공급자로부터 제공받기 전에는 그 서비스의 질을 인식하기가 곤란하다.

(2) 소유권 이전이 불가능하다.

사용권과 이용권은 있지만 소유권은 인정되지 않는다. 기술과 저작권 등도 사용자가 저작권자에게 사용과 이용에 대한 수수료를 지불하고 거래하는 것이 가능하지만 물재(物財)처럼 소유권 자체를 거래하지는 못한다.

(3) 모방이 쉽다.

서비스는 제품과 달리 무형이기 때문에 특허를 내기 어렵다. 그로 인하여 경쟁자가 바로 모방할 수 있는 단점을 갖고 있다. 예를 들어, 한 관광호텔에서 고객관리 카드제(VIP 카드제)를 시행하자 다른 호텔들도 모두 고객관리 카드를 발급하게 되고 이를 방지하기는 어렵다.

- **극복 전략** : 유형의 단서 제공(유형화), 긍정적 구전 활동, 기업 이미지 관리, 구매 후 커뮤니케이션 강화

저가 항공사 이스타 항공의 판촉물이다. 일반적으로 저가 항공사는 가격이 저렴하다는 장점이 있기는 하지만 가격이 낮으면 품질도 낮을 것이라는 인식이 단점으로 작용하기도 한다. 우리나라 속담에 '싼 게 비지떡'이라는 말이 있듯이 일반적으로 고객들은 낮은 가격을 낮은 품질로 인식하기 때문이다.

특히 항공사의 낮은 품질은 높은 위험성과 연결될 수 있다. '저렴한 가격 → 낮은 품질 → 높은 위험성'으로 연결되어 탑승을 꺼리게 되는 것이다. 이러한 고객의 인식을 불식시키기 위해서 이스타 항공은 제트 항공기 모형을 판촉물로 만들어 고객들을 안심시키고 있다. 서비스 만족도가 높다는 문구도 고객의 위험 인식을 불식시키려는 문구이다.

'무형성'으로 인하여 체험이 곤란한 항공 서비스를 위한 저가 항공사의 유형화 노력이다.

2 비분리성

비분리성(inseparability, 동시성)이란 생산과 소비가 동시에 일어나 분리되지 않는다는 의미다.

서비스 제공자에 의해 제공되는 동시에 고객에 의해 소비되는 성격을 가진다.

제품의 경우에는 생산과 소비가 분리되어 일단 생산한 후 판매되고 나중에 소비되나 서비스의 경우 생산과 동시에 소비되기 때문에 소비자가 서비스 공급에 참여해야 하는 경우가 많다.

(1) 시간과 공간의 제한을 받는다.

제품은 변질되어 가치가 떨어지지 않는 한 본래의 상태대로 창고에 보관했다가 필

요한 시기에 판매할 수 있다. 하지만 어떤 특정의 시간과 특정의 공간에 존립하는 '기능의 현실 과정'이 서비스이다. 즉, 서비스재는 어떤 시간과 공간에 제공되고 곧 소멸된다.

(2) 거래 현장에서만 구매가 가능하다.

고객이 직접 참여하지 않고서는 거래가 불가능하기 때문에 거래현장 내에서만 구입이 가능하다. 즉, 서비스는 배달을 의뢰할 수도 없고, 대리인을 통한 구매도 불가능하다.

(3) 유통과 검수과정이 없다.

생산과 소비가 동시에 이루어지고 순간에 소멸되므로 유통이 불가능하다.

- **극복 전략** : 직원 선발, 교육에 집중, 고객관리 철저, 서비스망의 분산

미용실에서 머리를 깎는 경우 이발사, 고객에게 제공되는 미용 서비스의 특성인 머리를 커트하는 행위, 미용사가 제공하는 서비스와 고객의 소비는 동시에 발생한다. 이는 생산이 동시에 고객에 의해 소비되는 특성을 이해할 수 있다. 즉, 고객이 생산 과정에 참여하고 거래에 직접적으로 영향을 미치게 되며, 다른 고객의 관계도 서비스의 성과에 영향을 미친다.

이에 비해 제품은 일정 기간이지만 생산 후 재고의 형태로 제품창고 등에 보관되거나, 판매장에 진열·전시되며 수요와 공급의 조절 과정을 통해 생산 후 일정 시점이 경과한 뒤에 소비가 이루어지는 특성에 비해 서비스는 생산과 동시에 소비가 이루어지는 특성이 있다.

3 소멸성

소멸성(perishability)이란 서비스는 저장될 수 없다는 의미이다.

구매된 서비스라 하더라도 서비스 이용 시 일회성으로 소멸되며 동시에 서비스의

편익도 사라진다. 서비스가 제공되는 시점에 이를 소비하지 않으면 그 서비스는 사라진다는 개념이다.

(1) 저장이 불가능하다.

서비스는 소멸성을 지니고 있기 때문에 생산물에 대한 저장이나 재고가 불가능하다. 서비스는 이처럼 재고가 불가능하므로 계획 생산이나 주문 생산을 하여야 하는 어려움이 따르게 된다.

(2) 본래대로 환원될 수 없다.

한 번 제공되면 근본의 것으로 환원될 수 없다. 즉, 한 번 변형되면 다시는 원형으로 돌이킬 수 없다.

- **극복 전략** : 수요와 공급의 조화, 예약이나 약속, 시간대별 할인, 대기관리, 순환 직무, 파트타이머 활용

기업에서 서비스 소멸성을 극복하기 위해 다음과 같은 다양한 방법을 사용하고 있다.

- 서비스 가격차별화이다. 공연기획자는 객석별로 가격을 달리하여 공연에 대한 다양한 계층의 수요를 유발시킴으로써 소멸성을 낮출 수 있다.
- 비성수기 수요의 개발이다. 겨울철에만 활용될 것 같은 스키 리조트의 경우 겨울 이외의 시기에는 골프 연습장이나 전망대 등으로 활용하는 사례가 있다.
- 보완적 서비스의 제공이다. 만약 공연을 관람하는 사람이 공연장의 교통으로 인한 접근성의 문제가 있을 경우 셔틀버스라는 보완적 서비스를 제공하여 서비스가 소멸되는 것을 예방할 수 있다.
- 예약 시스템 도입이다. 안정적인 수요 확보를 위한 항공좌석 예약 시스템 등이 활용되는데 이러한 예약 시스템 역시 소멸성을 보완하기 위해 활용되는 방법이다.

4 이질성

서비스 특성상, 무형성의 정도와 서비스 전달 시스템에 고객이 참여하는 정도 간의 다양한 결합으로 서비스는 고객마다 다르게 제공된다. 즉, 서비스의 생산 및 인도과정에서 여러 가변적 요소가 많기 때문에 한 고객에 대한 서비스가 다음 고객에 대한 서비스와 다를 가능성이 있다.

서비스를 제공하는 사람의 성격, 그날의 컨디션, 환경 및 상황에 따라서도 서비스의 내용 및 질이 달라진다. 이질성(heterogeneity)은 서비스의 표준이 서비스를 제공하는 대상자마다 달라질 수 있음을 의미한다.

(1) 표준화가 어렵다.

서비스는 이질성을 지니고 있기 때문에 동일한 서비스 교육을 받은 직원이라도 제공되는 서비스 품질에 차이가 날 수 있다.

(2) 품질 통제가 어렵다.

서비스 품질은 제품의 품질과 달리 표준화가 어렵기 때문에 품질 관리 또한 매우 어렵다.

- 극복 전략 : 적절한 절차를 이용한 표준화와 종업원 교육, 표준화와 개별화의 조화 필요, 서비스 프로세스를 세분하여 체계화·정형화 필요, 매뉴얼 작성

서비스의 특징 중 이질성을 보완하기 위해서 매뉴얼을 만든다. 회사마다 매뉴얼을 작성하긴 하나 이는 모든 고객에게 그것을 보고 외워서 똑같이 하라는 것이 아니다. 매뉴얼을 만들어 다수의 고객이 이렇게 할 때 정중함, 공손함, 친절함을 느끼더라는 것이기에 참조를 하라는 측면에서 매뉴얼을 만든다.

3. 서비스인의 마인드

- 현장 사원이 서비스 품질을 좌우한다.
- 고객과 가장 접근이 용이한 현장 사원의 역할이 중요한 것이다.

1 접점 직원의 마인드

- 일에 혼(정성)이 깃들도록 하자.
- 업무의 질을 높이자.
- 회사의 서비스 제도나 시스템, 의사 결정 과정에 참여하자.
- 회사의 대표임을 자각하자.
- 현장 중시(중심, 감각) 마인드를 갖자.
- 보려고 하지 않고 들으려 하지 않으며 말하려 하지 않는 현장 사원은 곤란하다.

2 버려야 할 의식과 과제

- 주인 의식 결여
- 책임 회피
- 권위 의식
- 책임 의식 결여
- 자기 방식만을 고집하는 태도
- 무사안일주의
- 협동정신 결여
- 시대의 흐름에 대처하지 못하고 옛것만을 고집
- 적당주의

- 자기만 잘되면 된다는 의식
- 책임이 두려워 도전하지 않는 의식
- 수동적이며, 진취적인 사고의 결여
- 몸조심 풍토
- 눈치만 보며 자기 의견을 주장하지 않는 소극적 태도
- 규정에 얽매여 융통성 없는 업무 처리
- 책임 전가
- 윗사람에게 무조건 복종하고 아부하는 태도
- 공동체 의식 결여
- 자기 일이 아니면 무관심한 태도
- 나 하나쯤이야 하는 생각

4. 서비스 품질

1 서비스 품질의 정의

서비스 속성의 집합이 사용자를 만족시키는 정도로서 사용자의 인식에 의해 결정되는 것이다. 고객이 지각하는 서비스 품질(Service Quality)이란 고객의 기대나 욕구의 수준과 그들이 지각한 것 사이의 차이의 정도로 정의한다.

서비스에서 품질의 평가는 서비스 전달 과정 중에서 일어난다. 진실의 순간(moment of truth)에 서비스에 대하여 만족 혹은 불만족을 평가하게 된다.

출처 : Parasuraman, A., Zeithaml, V. A., &Berry, L. L. (1985). A conceptual model of service quality and its implications for future research. the Journal of Marketing, Vv vol.49, Fall 1985, p.48.

2 서비스 품질의 결정 요인

- 서비스 품질 평가를 위해 일반적으로 SERVQUAL 5개 차원과 서비스 품질 10개 차원을 기준으로 한다.
- SERVQUAL은 미국의 파라수라만(A. Parasuraman), 자이다믈(V. A. Zetithaml), 베리(Leonard L. Berry) 등 세 사람의 학자(PZB)에 의해 개발된 서비스 품질 측정 도구이다.
- 이 측정 도구는 서비스 기업이 고객의 기대와 평가를 이해하는 데 사용할 수 있는 다문항 척도(multiple-item scale)이다.

<table>
<tr><th>SERVQUAL 5개 차원</th><th>서비스 품질 평가 10개 차원</th><th>SERVQUAL 차원의 정의</th></tr>
<tr><td>유형성</td><td>유형성</td><td>물리적 시설, 장비, 직원, 커뮤니케이션 자료의 외양</td></tr>
<tr><td>신뢰성</td><td>신뢰성</td><td>약속한 서비스를 믿을 수 있고 정확하게 수행할 수 있는 능력</td></tr>
<tr><td>반응성</td><td>반응성</td><td>고객을 돕고 신속한 서비스를 제공하려는 의지</td></tr>
<tr><td rowspan="4">확신성</td><td>능 력</td><td rowspan="4">직원의 지식과 예절, 신뢰와 자신감을 전달하는 능력</td></tr>
<tr><td>예 절</td></tr>
<tr><td>신빙성</td></tr>
<tr><td>안전성</td></tr>
<tr><td rowspan="3">공감성</td><td>가용성</td><td rowspan="3">회사가 고객에게 제공하는 개별적 배려와 관심</td></tr>
<tr><td>커뮤니케이션</td></tr>
<tr><td>고객 이해</td></tr>
</table>

3 서비스 품질 평가 10개 차원의 세부적 내용

(1) 유형성(tangibles)

서비스의 외형적 증거로서 물리적 시설, 장비, 직원의 외양 등의 외형적 단서

예 직원의 깔끔한 복장, 해당 지점의 인테리어 등

(2) 신뢰성(reliability)

서비스 제공자의 진실성, 정직, 고객에게 최대한의 이익을 제공하겠다는 의지로서 약속한 서비스를 믿을 수 있고 정확하게 수행할 수 있는 능력

예 서비스 수행의 정확도, 일관성 등

(3) 반응성(responsiveness)

담당직원의 서비스 제공에 대한 의욕과 준비로서 고객을 돕고 신속한 서비스를 제공하려는 태도

예 고객이 문의한 내용에 대한 즉시성, 신속한 서비스 제공 등

(4) 능력(competence)

필요한 기술 소유 여부와 서비스를 수행할 지식의 소유

예 고객 문의에 대한 심층성, 담당직원과 지원 인력의 지식과 기술 등

(5) 정중함(courtesy)

고객 담당 직원의 정중, 사려, 친근감

예 고객의 재산과 시간에 대한 배려, 직원의 정중한 태도

(6) 신용성(credibility)

서비스에 대한 성과와 믿음의 일관성으로 서비스 제공자의 신뢰성, 정직성

예 기업의 이미지, 기업 브랜드, 종업원의 정직성 , 약속된 서비스 시간 준수 등

(7) 안정성(security)

위험이나 의심으로부터 자유, 불안감 해소

예 물리적 안전, 금전적 안전, 개인 프라이버시 보호 등

(8) 접근 가능성(access)

접촉 가능성과 접촉 용이성

예 전화예약, 납득할 만한 대기시간, 서비스 제공시간, 시설접근의 편리성 등

(9) 커뮤니케이션(communication)

고객들이 이해하기 쉬운 고객 언어로 이야기하는 것, 고객의 말에 귀 기울이는 것

예 제품 및 서비스에 대한 설명, 서비스 비용의 설명, 문제 해결 등

(10) 고객 이해(understanding the customer)

고객이 이해할 수 있는 방법으로 정보 제공, 고객의사 경청

예 고객의 구체적 요구 사항 학습, 개별적 관심 제공, 단골 고객 인지 등

출처: 품질 경영의 이해, 김태웅, 신영사.

서비스 품질을 평가하는 SERVQUAL 측정 항목 구성

번호	구성	항목
1	유형성	최신 설비를 갖추고 있을 것이다.
2		물적 시설이 시각적으로 마음에 들 것이다.
3		직원의 복장과 용모가 단정할 것이다.
4		물적 시설의 외관이 제공된 서비스와 일치할 것이다.
5	신뢰성	정해진 시간에 하기로 한 일은 약속을 지킬 것이다.
6		고객이 문제를 제기할 때 관심을 보일 것이다.
7		기업을 신뢰할 수 있을 것이다.
8		약속한 시간에 서비스를 제공할 것이다.
9		기록을 정확하게 유지할 것이다.
10	반응성	서비스가 언제 제공되는지 정확하게 알려줄 것이다.
11		직원으로부터 신속한 서비스를 기대할 수 있다.
12		직원은 자발적으로 고객을 도울 것이다.
13		직원이 바빠도 고객의 요구에 즉시 응대할 것이다.
14	확신성	직원을 신뢰할 수 있을 것이다.
15		안심하고 거래하기 위한 안전을 느낄 것이다.
16		직원들이 예의 바르고 공손할 것이다.
17		질문에 답변할 충분한 지식을 보유하고 있을 것이다.
18	공감성	기업은 고객에게 개별적인 관심을 가질 것이다.
19		고객의 편리에 영업시간을 맞출 것이다.
20		직원들은 고객에게 개별적인 관심을 가질 것이다.
21		기업은 고객의 이익을 진심으로 생각해 줄 것이다.
22		직원은 고객의 최대 관심사를 알고 있을 것이다.

출처:Parasuraman, A., Zeithaml, V. A., &Berry, L. L. (1988). Servqual: A multiple-item scale for measuring consumer perc. Journal of retailing, 64(1), 12.

5. 서비스 청사진

1 서비스 청사진의 의의

- 가시적인 형태로 서비스 전달 프로세스를 묘사한다.
- 쇼스택(Lynn Shostack)은 서비스 전달시스템이 서비스 청사진(Service Blueprint)으로 표현될 수 있으며 서비스 디자인을 위해 유사한 방법으로 사용될 수 있다고 한다.
- 서비스 과정을 시각화한 것으로 해당 서비스의 모든 단계와 대안들을 제시하는 서비스 과정의 상세한 지도(map) 혹은 흐름도(flow)로 볼 수 있다.
- 서비스 관리자가 서비스를 최종적으로 실행하기 이전에 미리 작성함으로써 서비스를 검증하여 서비스 시스템에 대해 정확한 정의를 내릴 수 있도록 한다.
- 실수 가능 영역을 파악하여 방지 대책과 문제를 해결할 수 있다.
- 추상적 개념인 서비스를 체계적인 프로세스로 정리하여 객관화시킨다.
- 고객과의 접점을 파악하여 현장 업무와 지원 업무의 구분이 용이하다.

2 서비스 청사진의 특성

- 서비스 프로세스가 유형화된다.
- 서비스 접점의 직원을 위한 서비스 교육을 제공한다.
- 서비스 기능 또는 프로세스 간의 상호연계를 볼 수 있다.
- 서비스 프로세스상의 문제점을 찾을 수 있다.

3 서비스 청사진 작성 시 고려사항

- 전방 고객 대응 활동의 특정 단계에서 서비스 제공의 이상적 시나리오는 무엇인가?

- 어디에 실수 가능점이 있으며 전후방 업무에서 무엇이 잘못될 수 있는가?
- 어떻게 하면 실수가 적시에 발견되어 교정되거나 미리 방지될 수 있는가?
- 과정 각 지점에서 어떤 직원, 장비, 시설이 고객서비스에 이용되고 있는가?
- 어떤 후방 활동이 있어야 특정 서비스 요소를 고객에게 제공할 수 있는가?

(1) 물적 증거

고객이 볼 수 있거나 경험할 수 있는 것들을 포함한다.

예 호텔 외관, 접객원의 유니폼, 체크인을 위한 대기, 목욕, TV 시청, 식사 등

(2) 고객 행동

상호작용선 위에 있는 첫 번째 줄의 활동들은 고객이 서비스를 구매하고 소비하고 평가하는 과정 속에 고객 주도로 이루어지는 단계, 선택, 상호작용을 나타낸다. 가시선 위에 있는 행동들은 고객들이 훤히 볼 수 있는 '무대 위'의 것들이다. 가시선 아래는 '무대 뒤'와 같이 고객들이 볼 수 없는 행동들이 나타나 있다.

- 무대 위에서 펼쳐지는 행동들이 불필요하게 지연되지 않도록 무대 뒤에서 일하는 인력을 적절히 배치하는 문제와 연관되어진다.

(3) 상호작용선

고객과 접촉직원(기업) 간의 상호작용이 발생되는 기준을 구분하는 선이다.

(4) 수직 흐름선

- 상호작용선을 가로 지르는 수직 흐름선들은 고객과 업체(예: 서비스 카운터) 간의 직접적 접촉이다.
- 고려 사항 : 고객 서비스는 동일인에 의해 이루어져야 하는가 아니면 다른 사람에 의해(예: 가방운반) 이루어져도 좋은가?
- 입구 접객원, 체크인 담당자, 가방 운반원, 음식 배달원 간에는 각기 다른 대인기법이 필요한가?

(5) 가시선

고객에 의해 가시적인 활동과 비가시적인 활동을 구분하는 경계를 말하는 것으로 그 위치는 서비스 전달 과정에서 고객의 관여 정도를 나타낸다.

고급 레스토랑의 가시선은 패스트푸드점과 비교해 볼 때 높은 지점에 위치한다.

가시선의 조정의 이점

- 서비스 프로세스의 가시성을 높인다.

- 서비스 전달 프로세스의 품질 관리에 통제력을 제공함: 서비스 품질의 신뢰성을 높인다.
- 고객과 종업원의 상호작용을 높여 고객의 서비스 경험을 다양하고 풍부하게 만든다.
- 가시선의 조정(병원 수술실 : 고객에게 이전에 안 보이던 수술실 내부와 진행상황이 보이도록 가시선을 조정한다.)

(6) 내부 상호작용선

- 일선직원과 지원 스태프의 분리를 표시하는 경계로서 내부적인 상호작용은 고객이 보이지 않는 곳에서 일어난다.
- 예약 정보 시스템, 주방 등과 같은 후방 지원 시스템의 수용 능력과 관련된다.

고객응대실무

Chapter 07 서비스 품질의 이해

서비스 분야 한 곳을 선정하여(예: 호텔, 항공사, 병원 등), 무형성, 비분리성, 이질성, 소멸성을 극복할 수 있는 방안에 대하여 생각해 봅시다.

서비스 업종 중 한 곳을 선정하여 서비스 청사진을 작성해 봅시다.

고객응대실무

Chapter 08 서비스 회복

1. 서비스 실패를 방지하기 위해서 기업은 어떠한 전략이 필요한지 생각해 봅시다.

2. 서비스 회복의 중요성과 회복 경험에 대해 생각해 봅시다.

Chapter 08 서비스 회복

1. 서비스 실패

1 서비스 실패 의의

- 서비스 실패(Service Failure)란 서비스 접점에서 고객 불만족을 야기하는 열악한 서비스 경험을 말하며 서비스가 전달되어지는 동안 발생하는 여러 가지 실수들, 고객에 대한 서비스의 약속 위반 혹은 여러 형태의 서비스 오류 등을 포함한다.(Weun, 1997)
- 서비스 과정이나 결과에서의 문제점이나 서비스를 경험한 고객의 안 좋은 감정을 갖는 것 모두가 서비스 실패이다.

2 서비스 실패 유형

- 고객들이 소매점의 정책이 불공정하다고 느끼는 것으로인한 정책 실패
- 속도가 느린 서비스나 이용할 수 없는 서비스
- 시스템 가격 산정 실패로 개별 제품 가격과 스캐너에 등록된 가격 불일치
- 포장 오류
- 재고 부족

- 제품 결함
- 예약된 제품을 다른 사람에게 팔게 되는 상황과 같은 보관 실패
- 의복의 잘못된 디자인 변경, 잘못 수행된 제품 수리로 인한 변경과 수선
- 잘못된 규격 제품 구매, 판매원의 정보와 제품의 성능이 다른 경우로 부정확한 정보의 제공
- 상점에 없는 제품을 특별히 주문, 제품 파손 및 다른 제품이 운송되는 특별한 주문
- 인정하는 고객의 실수
- 대금청구 오류
- 종업원이 야기한 당혹감
- 직원이 위압적이거나 변덕스러울 때와 같은 직원의 주의 소홀

항공사 서비스 실패 유형

구분	실패 유형	지연 내용
지상 서비스(Ground Service)	지연(delay)	• 천재지변(기상, 전쟁, 목적지 국가 비정상 상황 등) • 기술적인 문제(정비) • 항공기 연결 • 직원들의 업무 미숙 • 인적 실수 • 기내 탑승 고객의 개인적인 사정(환자, 여정 취소)
	결항(cancel)	• 천재지변(기상, 전쟁, 목적지 국가 비정상 상황 등) • 기술적인 문제(정비) • 파업 • 수요 부족 • 항공기 여력 부족으로 인한 통제
	회황(divert)	• 기술적인 문제(정비) • 기내 환자 발생 • 도착 공항 천재지변 발생(테러, 전쟁 등)
	예약 오류(mis-reservation)	• 예약 담당 직원의 업무 미숙 • 고객과 직원 간의 의사소통의 문제(날짜, 구간 변경 등) • 시스템 오류로 인한 예약 취소 및 예약 data 확인불가

구분	실패 유형	지연 내용
지상 서비스 (Ground Service)	발권 오류 (mis-ticketing)	• 항공권 유효 기간에 대한 안내 부족 및 mis-information(오정보) • 환불 금액에 대한 정확한 안내 부족 및 금액 오류 • 항공권 금액 계산상의 오류 • 항공권 계약 조건에 대한 안내 부족
	초과 예약 (over-bookimg)	• 고객과의 약속 불이행(denied boarding 탑승 거절) • 도착 시각 지연(일정 변경) • 타 항공사 및 다른 대체 항공편 이용 • 장시간의 대기 시간 • 급작스런 여정변경(직항에서 경유 여정으로) • 상위 등급에서 하위 등급으로 강등(downgrade)
	좌석 배정 (seating)	• 비선호 좌석 배정 또는 선호 좌석 배정 불가 • 가족 또는 일행 좌석 분리 배정 • 장시간의 대기시간 • 사전 요청 좌석 배정 불가(시스템 오류 및 인적 실수로 기인)
	직원 서비스 태도 및 역량 (sevice attitude & performance)	• 고압적 자세, 단답형 응답 • 전문용어를 사용한 고객들이 이해하기 어려운 설명 • 무시, 냉담한 태도 • 즉각적인 부정적 응답 • 직원들의 부적절한 외형(appearance) • 업무미숙 • mis-information 제공
	서비스 환경 (environment)	• 오염되고 단정하지 못한 제복 착용 • 지저분한 서비스 환경(카운터, 탑승구 등) • 사용장비 불량
	수하물 서비스 (baggage service)	• 수하물 지연도착 • 분실 • 도난(내용물 도난 포함) • 가방 파손 및 가방 안 물품 파손 • 초과 수하물 요금 징수로 인한 직원들과의 argument 발생
	라운지 이용 (lounge service)	• 부족한 공간으로 타인들과 테이블 공동 사용 • 음식 부족 • 라운지 이용 불가(초과수용) • 부족한 직원 운용 • 불편한 환경(부적절한 습도와 온도, 비위생적 상태)

구분	실패 유형	지연 내용
	마일리지 (mileage)	• 보너스 항공권 이용 좌석에 대한 공급 좌석 제한 • 마일리지 누락 • 마일리지 불가 항공권에 대한 안내 부족
	탑승 (boarding)	• 수속 시에 받은 좌석과 상이한 좌석으로 임의 변경(기종변경, 시스템 오류, 지원 실수 등) • 탑승 게이트에 지연 도착하여 탑승 거절 • 탑승 지연 • 몸이 불편한 승객들에 대한 탑승 시의 편의 및 도움 미흡 • 탑승 안내 방송 부족(외국어 안내 부족)
기내 서비스 (In-Flight Sevice)	기내 시설 불량	• 의류손상(부러진 헤드폰 잭이나 의자 모서리로 인한 손상) • 좌석불량(고장 또는 부분적인 소품 사용 불가) • 기내 시각 및 음향시설 사용 제한 또는 불가
	기내식 불량 (meal service)	• 이물질 발견(유리조각, 머리카락, 플라스틱 용기조각 등) • 기내식 소품으로 인한 상해(이쑤시개, 포크 등) • 기내식의 위생상태(상하거나 익혀지지 않은 경우 등) • 기내식 원인으로 추정되는 환자 발생(식중독, 장염 등) • 식사 종류 선택 불가(재고 부족) • 음식 수량 부족
	승무원들의 태도 (attitude)	• 고객 호출에 무응답 • 고객 요구에 형식적인 응답 • 불친절
	기타	• 면세품 재고 부족 • 의류 손상(젖은 시트 및 기내식 서비스 중 음료로 인한 손상)

출처: 양미(2007), "항공사 서비스회복 연구," 경기대학교 대학원 박사논문, pp.35-36.

굿맨(goodman) 이론

㉠ 조사 배경

- 1975년 미합중국의 소비자 문제국(U.S. Office of Consumer Affairs)은 소비자의 불평처리를 맡고 있는 모든 기관, 조직을 대상으로 소비자 불평처리 실태를 조사하고 권고하기 위해 '미국의 소비자 불평처리'라는 조사를 기획했다.
- 이 기획 업무를 공모에 부친 결과 워싱턴에 있던 존 굿맨이 그의 친구와 함께 설립한 컨설팅 회사가 맡게 되면서 굿맨 이론이라고 불리게 되었다.

㉡ 조사 기간 : 1975년부터 1979년까지 5년간 진행되었고 1984년 추적 조사가 시행되었다.

㉢ 조사 대상

- 기관과 조직의 조사와 병행하여 전국 소비자 조사를 시행했다.
- 미국의 240개의 지점에서 선별한 4,327세대를 대상으로 조사하여 2,513개의 유효한 회답을 얻었다.

㉣ 조사 내용 : '과거 1년간 구입한 제품이나 서비스에 대해서 불만을 품은 적이 있는가? 만약 있다면 그 불만을 어떻게 처리하는가, 불평을 신고하는가, 해결에 만족했는가' 또는 '문제가 생긴 상품을 다시 구입하는가?'를 조사했다.

㉤ 조사 결과의 주요 내용

- 일반적으로 기업은 불만을 품은 고객의 96%에게 아무런 연락을 취하지 않는다. 그러나 어떤 불만을 신고해 온 한 사람의 배후에는 같은 불만을 품고 있을 고객이 평균 26명이 있는 셈이므로 심각한 문제에 직면해 있다.
- 불평을 말하는 고객의 54~75%는 불평이 해결되면 다시 그 회사와 거래한다. 이 비율은 고객이 불평 해결이 신속하게 되었다고 느끼는 경우에는 95%까지 높아진다. 또한 불만을 제기한 문제가 해결되지 않을 경우라도, 불평을 호소하지 않은 사람보다 불평을 호소한 사람이 그 회사와 거래하는 경향이 많다.
- 불만을 품은 고객은 일반적으로 이러한 불만을 하나에서 열까지 다른 사람들에게 말한다. 불만을 품고 있는 사람의 13%는 그 불만을 20명 이상의 사람들에게 자세히 말한다.
- 회사에 불만을 말하고 이것이 만족스러운 형태로 해결된 고객은 자신이 느꼈던 일을 40~50명의 사람에게 말한다.

2. 서비스 보증

1 서비스 보증의 의미

- 고객이 인지하는 서비스 품질을 높이기 위한 정책의 일환으로 이용한다.
- 서비스 품질 관리 수단으로서 서비스 품질을 개선시키는 강력한 방법이다.
- 서비스 배달의 내용이 사전에 정한 기준을 만족하지 못한다면 고객에게 보상하겠다는 약속을 의미한다.
- 고객의 서비스 품질에 대한 확실한 보장을 하는 것으로 성공적일 경우 고객만족에 효과적이다.

2 서비스 보증의 효과

서비스 보증(Service Guarantees)은 서비스 품질을 촉진하고 성취하는 강력한 도구가 될 수 있다.

서비스 보증의 효과(러브록, 1994)

- 서비스 보증은 기업으로 하여금 고객이 서비스의 각 요소로부터 원하는 것과 기대하는 사항에 집중할 수 있게 해준다.
- 서비스 보증은 분명한 서비스 표준을 세우고 고객과 직원에게 기업이 표방하는 것이 무엇인지 알려준다.
- 서비스 보증은 요구하는 고객의 품질 평가에 귀중한 정보를 제공한다.
- 서비스 보증은 기업이 왜 실패하는지 이해하게 하고 잠재적 실수 가능점을 발견하여 극복할 수 있게 한다.
- 서비스 보증은 고객의 구매의사 결정 시에 위험성을 줄이고 장기적 충성도를 높여 마케팅에 유리한 결과를 가져온다.

3 서비스 보증의 실행

(1) 무조건 보증 : 무조건적이어야 한다.

고객의 생각이 무조건적으로 옳다는 철학이 있어야 한다. 고객과의 논쟁은 결국 서비스 기업에 손실만 가져온다. 이러한 보증은 고객의 불평을 즉시 받아들이고 교체해 주거나 환불하여 준다.

(2) 이해와 의사소통의 용이성 : 고객과 용이한 의사소통과 이해가 필요하다.

고객이 무엇을 기대하고 있는가를 정확하게 파악하여 서비스를 제공하여야 한다. 예를 들면, 베이커리 가게에서 빵이 제공되는 시간을 표시하고 있다. 식빵은 오전 8시와 오후 4시 등으로 표기하여 고객에게 정보를 제공해 준다.

(3) 의미심장 : 상세한 의미가 있어야 한다.

서비스 보증은 구체적이어야 한다. 고객이 쉽게 이해할 수 있는 수준이어야 한다. 예를 들면, 타이어 판매점에서 국내 최저가로 판매한다고 홍보하면서 만약 다른 곳에서 더 싸게 판다면 고객의 구입 가격과 타 점포의 판매 가격과의 차액만큼 보상한다고 홍보한다.

(4) 간단한 호소 방법 : 절차가 쉬워야 한다.

일부 기업들은 보증절차를 까다롭게 하여 보증 청구를 포기하게 만드는 경우가 있다. 복잡한 서식이나 경로를 통해 고객의 불편을 지양해야 한다. 예를 들면, 통신회사에 인터넷 가입 해지를 하려 하는데 해지 신청의 경로 안내가 없거나 어렵게 하는 경우를 말한다.

(5) 보상의 신속성과 편리성 : 신속하고 편리한 보상을 해주어야 한다.

서비스 실패에 대하여 고객에게 보상하고자 할 때 보상은 신속하고 편리하게 진행되어야 한다. 예를 들어, 보험회사에서 보험상품 판매 후 일정기간 내에 고객이 이의를 제기했을 때 타당성이 인정되면 전국 어디서나 보험료 전액을 환불해 준다.

3. 서비스 회복

1 서비스 회복이란

- 서비스 회복이란 서비스 실패에 대응하여 조직이 취하는 조치이다.
- 서비스 실패는 고객에게 부정적 감정과 반응을 일으킨다.
- 서비스 실패를 경험했지만 기업의 서비스 회복 노력으로 만족한 고객은 문제가 해결되지 않은 고객들보다 애호도가 높다.
- 불평을 하고 그들의 문제가 빨리 회복된 고객은 불평이 해결되지 않은 고객들보다 재구매 가능성이 높다.

회복 역설

처음에 불만족한 서비스를 체험했지만 훌륭한 서비스 회복을 체험한 고객이 문제가 전혀 없는 고객보다 더 만족하고 재구매 가능성도 높을 수 있다.

2 서비스 회복 방법

- 서비스 회복을 위해 특수 전담 조직의 설치나 조기경보 체제의 구축, 피해조건에 따른 보상 등으로 서비스 회복을 강구한다.
- 제도적인 부분도 중요하지만 보상에 대한 태도도 중요하다.
- 고객에게 진심으로 사과하고 특별대우를 받는 느낌이 들도록 하는 태도적인 부분도 서비스 회복 방법에 중요하다.

(1) 서비스 회복을 위한 고객 응대 접근 방법

- 사례별 접근법 : 개별적으로 불평고객을 처리하는 방법으로 비용이 적게 들고 처리방법이 쉬우나 체계적이지 못한 단점이다.
- 체계적 접근법 : 실패 사례와 회복 방법의 사례를 표준화하여 실패 사례별로 접근하는 방법으로 서비스 회복을 위한 사례와 방침을 프로세스화하여 불만고객에게 대응할 수 있는 유용한 방법이다.
- 사전 예방 접근법 : 실패가 발견되기 전에 문제점을 발견하고 개선하는 방법으로 예를 들어, 정시에 피자가 도착되지 못할 경우 고객에게 미리 연락하여 고객의 불만을 사전에 예방하는 방법이다.
- 대체 서비스 회복 접근법 : 경쟁자의 실패를 이용하여 경쟁자의 고객을 끌어오는 데 사용된다.

서비스 회복 시 고객 응대 방법

고객불만 표출 단계	대응 방법
분노 단계	자상하게 도움을 주며 공감할 것, 감정을 읽고 개방적으로 경청할 것, 너무 말을 많이 하거나 변명을 늘어놓지 말 것
흥분 단계	고객을 자극하지 말 것, 자기 감정을 잃지 말고 개인적 감정 싸움으로 비화하지 말 것, 자제할 것
진정 단계	다시 감정을 자극할 말을 삼갈 것, 고객에게 이겼다는 자세를 취하지 말 것, 고객의 감정적 소진을 이해할 것, 반드시 확실한 문제해결을 약속할 것
미안해하는 단계	직업 정신을 발휘하여 끝까지 합리적으로 행동할 것, 고객이 미안하지 않게 마무리할 기회를 줄 것

출처 : 서비스 품질경영, 원석희, 형설, p.99.

(2) 서비스 회복 전략 분류(Johnston and Hewa, 1997)

- 보상을 통한 회복 - 무료상품, 서비스 제공, 할인, 쿠폰, 무료 업그레이드, 기타
- 행동을 통한 회복 - 대체상품, 서비스, 수정, 현금보상, 크레디트 저장
- 기타 - 실패증가, 감성응대, 관리자 관여, 다른 장소 언급, 무응답

(3) 효과적인 서비스 회복 프로세스(Zemke, R.,1993)

- 1 단계 : 고객이 불편을 겪고 있다는 사실에 대해 사과하거나 이를 인정하라.
- 2 단계 : 고객의 말을 경청하고 고객의 상황을 이해(감정이입)하며, 의견을 구하는 질문을 구하라.
- 3 단계 : 문제에 대해 공정한 해결 방안을 제시하라.
- 4 단계 : 고객의 불편 혹은 손상에 대해 가치부가적인 보상을 제공하라.
- 5 단계 : 약속한 바를 지켜라.
- 6 단계 : 사후관리를 시행하라.

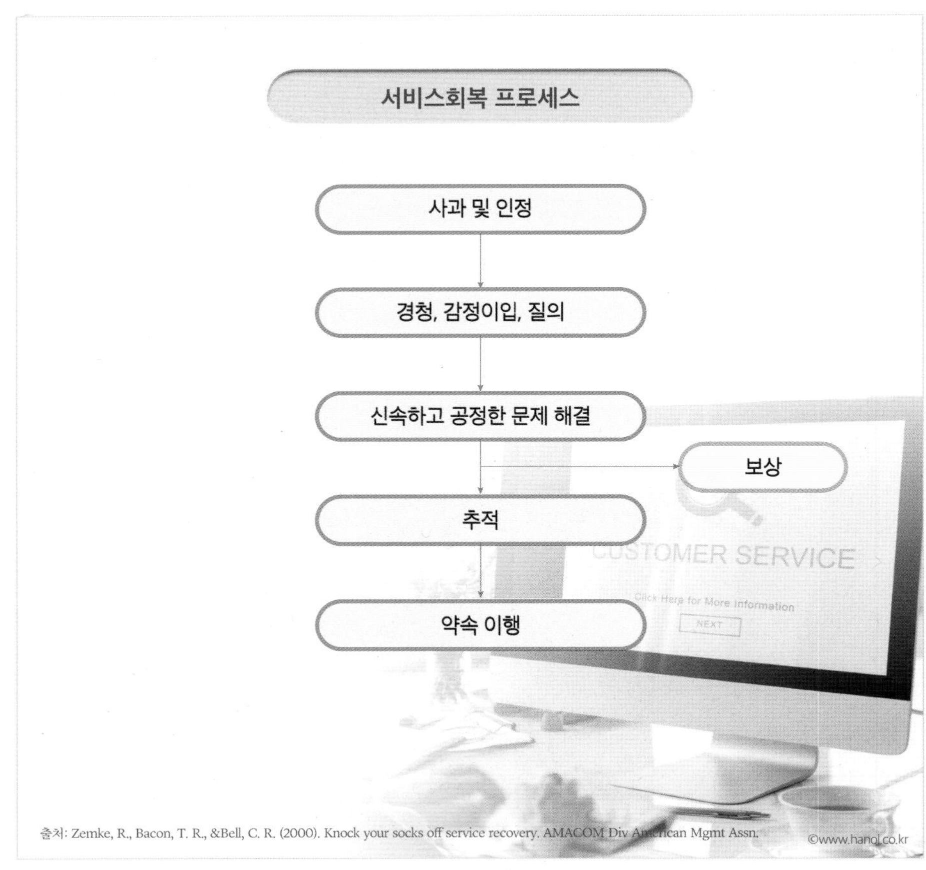

출처: Zemke, R., Bacon, T. R., &Bell, C. R. (2000). Knock your socks off service recovery. AMACOM Div American Mgmt Assn.

항공사 서비스 회복 흐름도와 기업 내의 개선 과정

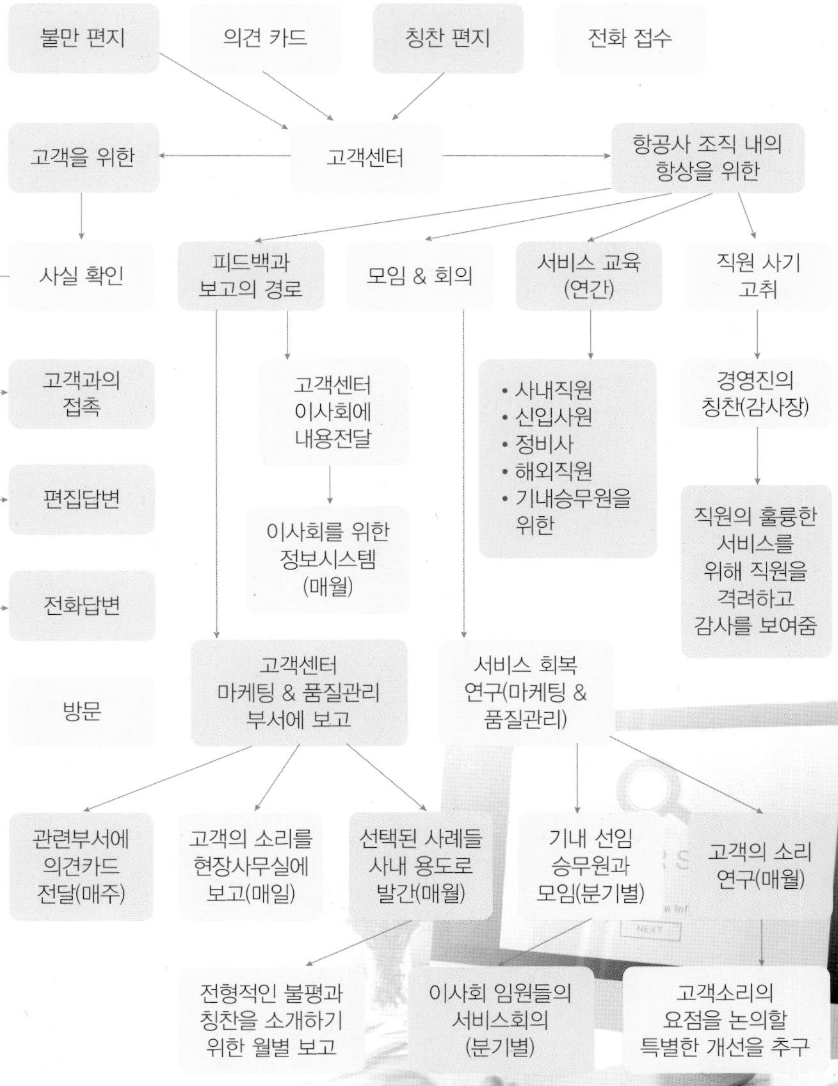

불만 편지
의견 카드
칭찬 편지
전화 접수

고객을 위한
고객센터
항공사 조직 내의 항상을 위한

사실 확인
피드백과 보고의 경로
모임 & 회의
서비스 교육 (연간)
직원 사기 고취

고객과의 접촉
편집답변
전화답변
방문

고객센터 이사회에 내용전달
이사회를 위한 정보시스템 (매월)

• 사내직원
• 신입사원
• 정비사
• 해외직원
• 기내승무원을 위한

경영진의 칭찬(감사장)
직원의 훌륭한 서비스를 위해 직원을 격려하고 감사를 보여줌

고객센터 마케팅 & 품질관리 부서에 보고
서비스 회복 연구(마케팅 & 품질관리)

관련부서에 의견카드 전달(매주)
고객의 소리를 현장사무실에 보고(매일)
선택된 사례들 사내 용도로 발간(매월)
기내 선임 승무원과 모임(분기별)
고객의 소리 연구(매월)

전형적인 불평과 칭찬을 소개하기 위한 월별 보고
이사회 임원들의 서비스회의 (분기별)
고객소리의 요점을 논의할 특별한 개선을 추구

출처: David Bamford & Tatiana Xystouri(2005), "A case study of service failure and recovery with in an international airlines", Managing Service Quality, 15(3), 306-322.

고객응대실무

Chapter 08 서비스 회복

서비스 실패를 경험한 후 성공적인 서비스 회복을 한 회복 역설의 경험 및 사례에 대해 이야기해 봅시다.

고객응대실무

고객과 고객 접점의 이해

1. 고객과 만나는 접점(커피숍, 편의점 등)을 파악하고 MOT 사이클을 작성해 봅시다.

2. MOT의 중요성에 대하여 생각해 봅시다.

Chapter 09 고객과 고객 접점의 이해

1. 고객의 개념

- 고객이란 사전적으로 한자인 '돌아볼 고(顧)'와 '손님 객(客)'을 사용하여 '영업을 하는 사람에게 대상자로 찾아오는 손님', '단골손님'으로 제시한다.
- 영어로의 고객은 '습관적으로 물건을 사는 사람' 또는 '초대받은 사람, 환대받은 사람'으로 표현한다.
- 외부고객(external customers): 제품을 생산하는 기업의 종사자가 아닌 사람들로 제품이나 서비스를 구매하는 고객이다.
- 내부고객(internal customers): 제품 생산이나 서비스를 제공하는 종업원이다.

고객의 특성

- 고객은 언제든지 구입처를 바꿀 수 있다.
- 고객은 집단이 아니라 개인이다.
- 1,000명 중 1명의 실수일지라도, 고객의 입장에서는 100%의 실수를 받는 것이다.
- 고객은 요구 사항이 많고 권리 주장이 강하다.
- 고객은 천태만상, 각양각색이다.
- 장사의 기반이 잡혔다는 것은 고정고객이 많다는 말이다.

- 관리된 고객만이 구매를 한다.
- 만족한 고객은 더 사주고 또 사주고, 좋은 고객을 소개한다.
- 판매사원은 매출을 원하고 고객은 친절을 원한다.
- 고객은 불평을 들어주면 단골이 된다.

2. 고객의 분류

1 관계 진화 과정에 의한 고객 분류

(1) 잠재 고객(potential customer)

자사의 제품이나 서비스를 구매하지 않은 사람들 중에서 향후 자사의 고객이 될 수 있는 잠재력을 가지고 있는 집단을 말한다.

(2) 신규 고객(acquired customer)

잠재 고객이 처음으로 구매를 하고 난 후의 고객을 말한다.

(3) 기존 고객(existing customer)

신규 고객들 중 2회 이상의 반복 구매를 한 고객들을 말한다.

(4) 핵심 고객(core customer)

기업의 제품이나 서비스를 기존 고객들의 가치와 기대 수준을 지속적으로 충족시켰을 때 해당 제품이나 서비스를 반복적으로 구매하게 되는 고객을 말한다.

핵심 고객은 기업과 강한 유대 관계를 형성하고 있기 때문에 중대한 문제가 발생하지 않는다면 제품에 대해 더 이상 재평가하지 않는다는 특징을 가지고 있다.

(5) 비활동 고객(inactive customer)

과거에는 이용하였으나 회사가 정하는 기간 범위 내에 구매 활동이 전혀 없는 사람을 말한다.

(6) 이탈 고객(defected customer)

비활동 고객의 범위를 뛰어넘어 구매 행동이 전혀 일어나지 않는 사람으로 기업의 기준에 의해 더 이상 자사의 제품이나 서비스를 이용하지 않는 고객군을 말한다.

(7) 부적격 고객

회사에 리스크를 초래하였거나 신용 상태, 가입 자격 등이 미달되는 사람을 말한다.

2 참여 관점에 의한 고객 분류

(1) 구매 용의자(suspect)

자사의 제품이나 서비스를 이용할 것인지 여부가 불확실하고 애매모호하게 느껴지는 사람

(2) 잠재-가망 고객(prospect)

- 자사의 제품이나 서비스를 알고는 있으나 아직 구매 행동으로까지 연결되지 않았고 마케팅이나 접촉 활동을 전개하면 고객으로서 흡입이 가능하다고 예상되는 사람

- 구매 가능자라고도 하는데 구매 정보를 알고 있으나 아직 구매하지 않은 사람

(3) 구매 비의사자(disqualified prospect)

자사의 제품이나 서비스에 전혀 관심이 없거나 구매 의사를 가지고 있지 않은 사람으로서 자사의 제품에 대한 필요를 전혀 느끼지 못하고 구매할 능력이 없는 것으로 판단되는 사람

(4) 최초 구매 고객(first time customer)

자사의 제품이나 서비스를 최초로 이용한 사람으로 제품을 1회 구매한 사람

(5) 반복 구매 고객(repeat customer)

자사의 제품이나 서비스를 2회 이상 이용한 적이 있는 사람

(6) 단골 고객(client)

반복 구매 차원을 넘어서서 자사 제품이나 서비스 중에 활용 가능한 것은 거의 대부분 구매하는 고객을 말하는 것으로 지속적이고 강한 유대 관계를 유지하는 고객군

(7) 옹호 고객(advocate)

단골 고객의 성향을 포함함은 물론 다른 사람에게까지 추천하는 적극성을 띤 고객군

(8) 체리피커

신포도 대신 체리만 골라 먹는다 해서 붙여진 명칭으로 기업의 상품이나 서비스를 구매하지 않으면서 자신의 실속을 차리기에만 관심을 두고 있는 고객

(9) 블랙컨슈머

특정 기업의 상품과 서비스를 이용하면서 기업의 잘못이 아닌 부분을 인위적으

로 조작하여 보상을 요구하거나 과장된 불만을 표출하여 적정 수준 이상의 보상을 통해 혜택과 이익을 보려는 고객

3 그레고리스톤의 고객 분류

1954년 그레고리스톤은 의료기관조직 관점에 따라 다양한 성격의 고객을 분류하였다. 고객의 속성을 파악하고 적절한 마케팅 대책을 수립한다면 고객만족을 극대화할 수 있을 것이라는 판단 아래 4가지 고객으로 분류했다.

(1) 경제적 고객(절약형 고객)

고객 가치를 극대화하려는 고객으로 투자한 시간, 돈, 노력에 대하여 최대한의 효용을 얻으려는 고객을 말한다. 기업에서 마케팅을 고객에게 합리적이고 실질적인 이익을 준다는 점을 부각하며 고객을 확보하였다.

(2) 윤리적 고객(도덕적 고객)

윤리적인 기업의 고객이 되는 것을 고객의 책무라고 생각하면서 기업의 사회적 이미지가 깨끗하고 윤리적이어야 고객을 유지할 수 있다고 생각하는 고객을 말한다.

(3) 개인적 고객(개별화 추구 고객)

개인 간의 교류를 선호하는 고객을 지칭하며 형식적 서비스보다 자기를 인정하는 것을 원하는 고객을 말한다. 기업에서는 마케팅 측면에서 고객 정보를 파악하여 1 : 1 맞춤 서비스로 고객층을 확보한다.

(4) 편의적 고객(편리 추구 고객)

자신이 서비스를 받는 데 있어서 편의성을 중요시하는 고객이다. 편의를 위해서라면 추가 비용을 지불할 수 있는 고객이다.

3. 고객의 심리

1 고객의 기본 심리

- 환영 기대 심리 : 환영해 주고 반가워해 주기를 바란다.
- 우월 심리 : 고객은 서비스직원보다 우월하다는 생각을 가진다.
- 독점 심리 : 서비스를 독점하고 싶어 한다.
- 모방 심리 : 다른 고객을 닮고 싶은 심리를 말한다.
- 보상 심리 : 손해보고 싶지 않아 한다.
- 자기 본위적 심리 : 자신의 기준에서 설명을 듣고 자기 위주로 상황을 판단한다.
- 존중 기대 심리 : 중요한 사람으로 기억되고 존중받고 싶어 한다.

2 고객요구의 변화

- 의식의 고급화 : 인적 서비스의 질을 중요하게 생각하고 합당한 서비스 요구
- 의식의 존중화 : 존중과 인정의 욕구가 있으며 최고 우대를 요구
- 의식의 복잡화 : 고객의 유형도 복잡화되고 불만 발생과 불만 형태도 다양
- 의식의 대등화 : 서로 대등한 관계를 형성하려는 상황에서 갈등이 발생
- 의식의 개인화 : 나만 특별한 고객이라고 생각

3 고객 서비스맨의 바람직한 행동 요령

- 당신 자신과 당신이 하는 일과 당신이 일하고 있는 회사가 좋게 보이도록 노력하라
- 고객의 태도를 평가하기 이전에 먼저 고객의 입장에 서서 이해하도록 힘써라
- 언제나 용모 복장을 단정히 하라
- 고객과 이야기할 때는 항상 그의 얼굴에서 시선을 떼지 말라

- 항상 나의 일에 관심을 두고 모든 업무를 능숙하게 처리하라
- 상사의 꾸짖음을 건전하게 받아들여라
- 항상 명랑할 것이며, 웃음을 잊지 말라
- 고객에게 친절을 베풀되, 지나치게 베푸는 일은 피하라
- 고객이 당신의 도움을 필요로 할 때는 서슴지 말고 도와줘라
- 고객이 이야기할 때는 중단시키지 말고 주의 깊게 경청하라
- 고객이 당신의 의견을 묻거든 정직하게 대답하여, 마음을 결정할 수 있도록 도와줘라
- 만약 자리를 떠나야 되는 일이 생기면 상대방의 양해를 구하고 떠날 것이며, 돌아온 후에는 미안하다는 말을 잊지 말라
- 고객에게 "감사합니다"라는 말을 잊지 말라

4. MOT

1 MOT의 정의

- 스페인의 투우(鬪牛)에서 나온 말로 스페인어로는 Momento De La Verdad라고 한다. 투우사가 소의 급소를 찌르는 순간을 말한다.
- '피하려 해도 피할 수 없는 순간' 또는 '실패가 허용되지 않는 매우 중요한 순간'을 의미한다. 이를 고객의 접점(接點)이라고도 하는데, 고객과 접(接)하는 모든 순간들을 의미한다.
- MOT는 'Moment of Truth'의 약자로 스칸디나비아 항공사의 얀 칼슨(Jan Carlson)이 「고객을 순간에 만족시켜라 : 결정적 순간」이라는 책을 발간하면서 최초로 언급된 용어이다. 이 책에서 스칸디나비아 항공은 종업원과의 접촉을 강조

하는데 1회의 접점시간이 평균 15초라는 짧은 시간에 1년간 5천만 번 고객의 마음에 스칸디나비아 항공의 인상을 새겨 넣은 것이다. 이런 결정적 순간이 항공사의 전체 이미지를 결정한다는 사실을 인식해야 한다고 역설하였다. 이 결정적 순간의 개념을 도입한 칼슨은 불과 1년 만에 스칸디나비아 항공을 연 800만 달러의 적자로부터 7,100만 달러의 이익을 내는 흑자경영으로 전환시켰다.

- MOT란 '진실의 순간, 결정의 순간'이라 하며 고객이 기업의 종업원 또는 특정 자원과 접촉하는 순간의 상황을 말한다. 결정적 순간은 서비스 제공자가 고객에게 서비스의 품질을 보여줄 수 있는 기회로서 지극히 짧은 순간이지만 고객의 서비스에 대한 인상을 좌우한다.
- 결정적 순간은 보통 종업원과 고객이 접촉하는 순간에 발생하지만 다음과 같은 상황에도 발생한다.

ⓐ 고객이 광고를 볼 때
ⓑ 고객이 그 기업의 건물을 볼 때
ⓒ 주차장에 차를 세울 때
ⓓ 로비에 들어섰을 때
ⓔ 우편으로 받은 청구서나 문서를 접할 때

2 MOT의 3요소

(1) 하드웨어(Hard Ware) : 접점 시설 및 상품

- 시 설 : 쾌적성, 편리성, 안정성, 점포수, 위치 등
- 상 품 : 신제품 개발, 품질, 다양성, 상품 구색 및 진열 등

(2) 소프트웨어(Soft Ware) : 접점 업무 프로세스 및 제도

- 프로세스 : 업무 처리 절차, 처리 속도, 고객 중심 Flow 등
- 제 도 : 업무 처리 현장 권한, 규정, 업무 처리 구비 서류 등

(3) 휴먼웨어(Human Ware) : 인적 응대 서비스 및 상품 지식

- 응 대 : 친절성, 호감성, 서비스, 서비스 기준 이행 등
- 상품 지식 : 상품 및 업무 관련 지식, 고객 가치에 대한 지식

5. MOT 사이클

MOT 사이클이란 고객이 처음으로 접촉해서 서비스가 마무리될 때까지의 서비스 행동의 전체 과정을 고객의 입장에서 그려보는 방법이다. 우선적으로 고객과의 접점들을 리스트화하여 고객이 서비스를 받는 시점부터 서비스의 완료 시점까지를 정리한다. 이 과정에서 서비스의 접점에서 불량 포인트가 있는지 고객의 입장에서 분석한다.

1 MOT 사이클 차트 분석 5단계

(1) 서비스 접점 진단

고객이 처음 점포에 들어오는 순간부터 점포를 나가는 순간까지의 모든 과정을 고객의 입장에서 생각해 보는 것이다.

(2) 서비스 접점 설계

기업 내 각 부서의 고객 접점 특징을 파악하여 고객 접점 단위를 구분한다.

(3) 고객 접점 사이클 세분화

고객이 처음 접촉해서 서비스가 마무리될 때까지의 서비스 행동의 전체 과정을

고객의 입장에서 그려보는 것이다.

(4) 고객 접점 시나리오 만들기

고객 접점 사이클이 구성되면 각 고객 접점마다 문제점과 개선점을 찾아 시나리오 차트를 구성한다.

(5) 서비스 표준안으로 행동하기

각 접점 단위별로 새로운 고객 접점 표준안을 만들고, 표준안대로 훈련하고 행동한다.

2 항공사 서비스 사이클

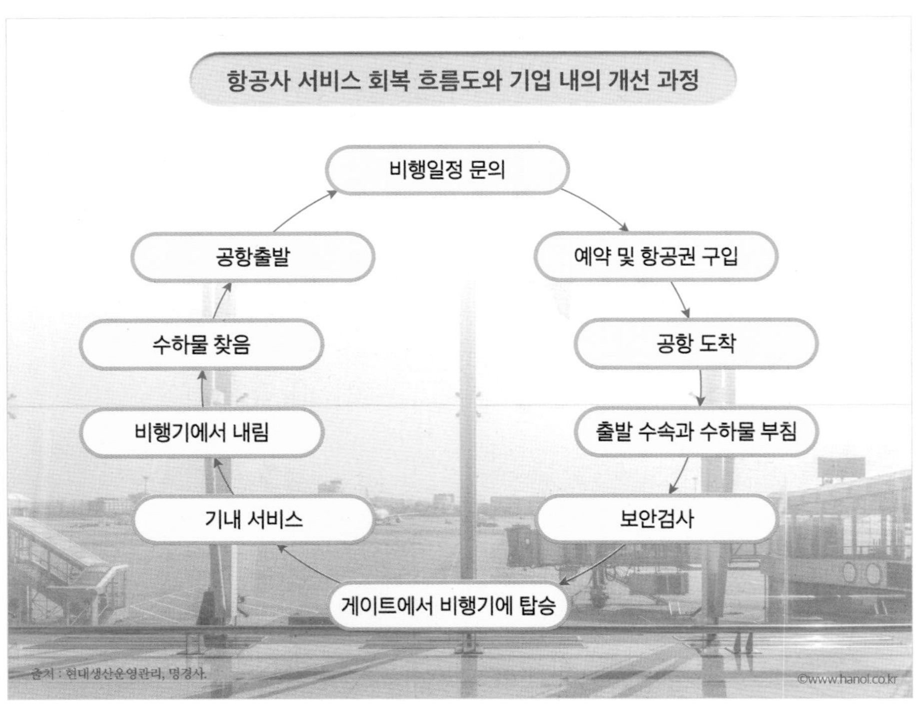

항공 서비스의 결정적 순간

- 정보를 얻기 위해 전화했을 때
- 예약할 때
- 공항 카운터에 다가갔을 때
- 순서를 기다리고 있을 때
- 탑승권 판매직원과 카운터에서 만났을 때
- 요금을 지불하고 탑승권을 받을 때
- 출발 입구를 찾고 있을 때
- 보안검사대를 통과할 때
- 출발 라운지에서 출발을 기다릴 때
- 티켓을 건네고 탑승할 때
- 탑승하여 승무원의 환영을 받을 때
- 좌석을 찾고 있을 때
- 수화물 보관소를 찾고 있을 때
- 좌석에 앉았을 때

3 병원의 MOT 사이클

- 병원 홈페이지를 검색할 때
- 병원에 예약전화를 할 때
- 병원 주차장에 주차할 때
- 병원 문을 열고 들어갈 때
- 병원 데스크에서 예약 확인할 때
- 대기할 때
- 병원 진료실에 들어설 때
- 검사실로 들어갈 때

- 입원수속을 밟을 때
- 직원이 입원실을 안내할 때
- 입원실에 들어갈 때
- 퇴원수속을 밟을 때
- 의료비를 정산할 때
- 병원 문을 나설 때

병원에서 환자가 경험할 수 있는 MOT

MOT	우수한 MOT 응대	MOT	나쁜 MOT 응대
MOT. 1	주차요원이 가까이 와서 알려주거나 주차시킬 수 있는 방법을 알려준다.	병원에 주차 시	직진하시다 좌측으로 가세요. 이쪽은 지금 만차인데요.
MOT. 2	오래 기다리셨죠, 다음 가실 곳은 이쪽 접수처입니다.	접수 시	다들 말없이 '다음 분요'
MOT. 3	앞의 분을 진료하고 있는 중이니까 고객님께서 잠시만 기다려 주십겠습니까? 기다리시는 동안 최신 건강정보가 준비되어 있습니다.	접수증을 가지고 외래로 갈 때	앉아서 좀 기다리세요.
MOT. 4	어서 오십시오. 죄송합니다. 꽤 오래 기다리셨죠.	의사와 직접 만날 때	차트를 보고 있다. 어디가 아파요?
MOT. 5	아 그러세요. 공감하는 말을 자주 사용한다.	진료를 할 때	아프셔도 좀 앞 분처럼 참으세요.
MOT. 6	어려우시겠지만 이렇게 해야 상처가 좋아지게 됩니다.	진료 후 상담할 때	나으려면 어쩔수 없이 이렇게 해야 하거든요.
MOT. 7	진찰과 치료 그리고 약 조제 3가지가 있군요. 전부 합쳐서 ( )원 입니다.	수납을 할 때	전부 ( )원 나왔는데요.
MOT. 8	"잘 관리하셔서 빨리 쾌유하시길 빌게요" … 라고 기원의 멘트를 한다.	약을 타고 귀가할 때	약 여기 있거든요. … 그냥 약주고 보낸다.

출처: Doctor Service, 군자출판사.윤인모, p.104

4 일반 성형외과의 접점 분석

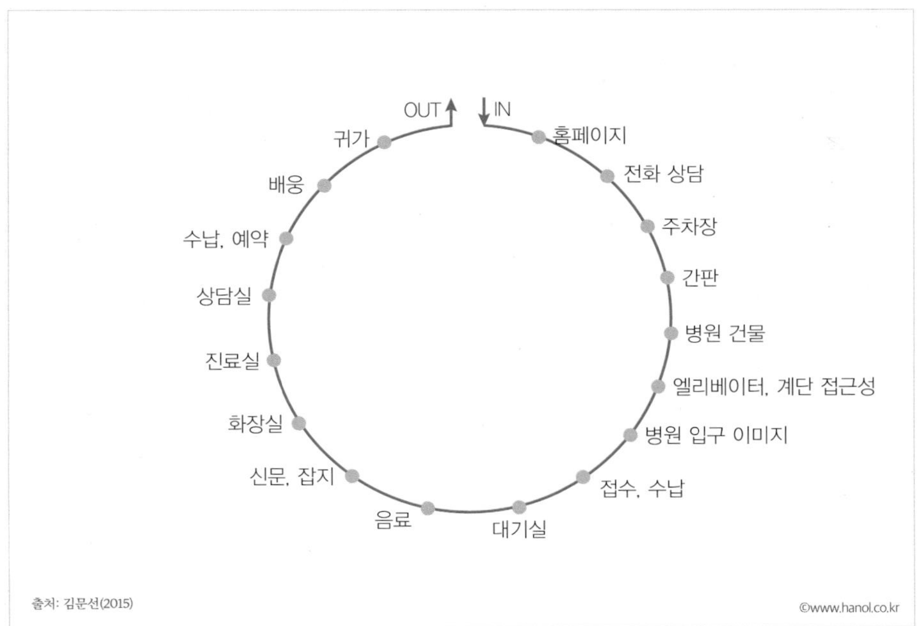

출처: 김문선(2015)

5 MOT 적용 시 고려사항

(1) MOT 사이클 전체를 관리해야 한다.

- MOT는 고객이 종업원과 접촉하는 순간에 발생하지만, '광고를 보는 순간'이나 '대금 청구서를 받아 보는 순간' 등과 같이 조직의 여러 자원과 직접 또는 간접적으로 접하는 순간이 될 수도 있다.
- 이 결정적 순간들이 하나하나 쌓여 서비스 전체의 품질이 결정된다.
- 고객을 상대하는 종업원들은 고객을 대하는 짧은 순간에 그들로 하여금 최선의 선택을 하였다는 기분이 들도록 만들어야 한다.
- 고객이 경험하는 서비스의 질이나 만족도에 곱셈의 법칙이 적용된다.

(2) MOT도 고객의 시각에서 관리해야 한다.

- 서비스 제공자가 빠지기 쉬운 일반적 함정 중 하나는 자신이 해당 분야의 베테랑이기 때문에 고객의 기대와 요구를 고객 이상으로 잘 알고 있다고 생각하는 것이다. 그러나 서비스 제공자의 논리와 고객의 시각이 일치하지 않는 경우가 종종 있다.
- MOT를 효과적으로 관리하기 위해서는 항상 고객의 목소리에 귀를 기울여야 한다.

(3) MOT 예시

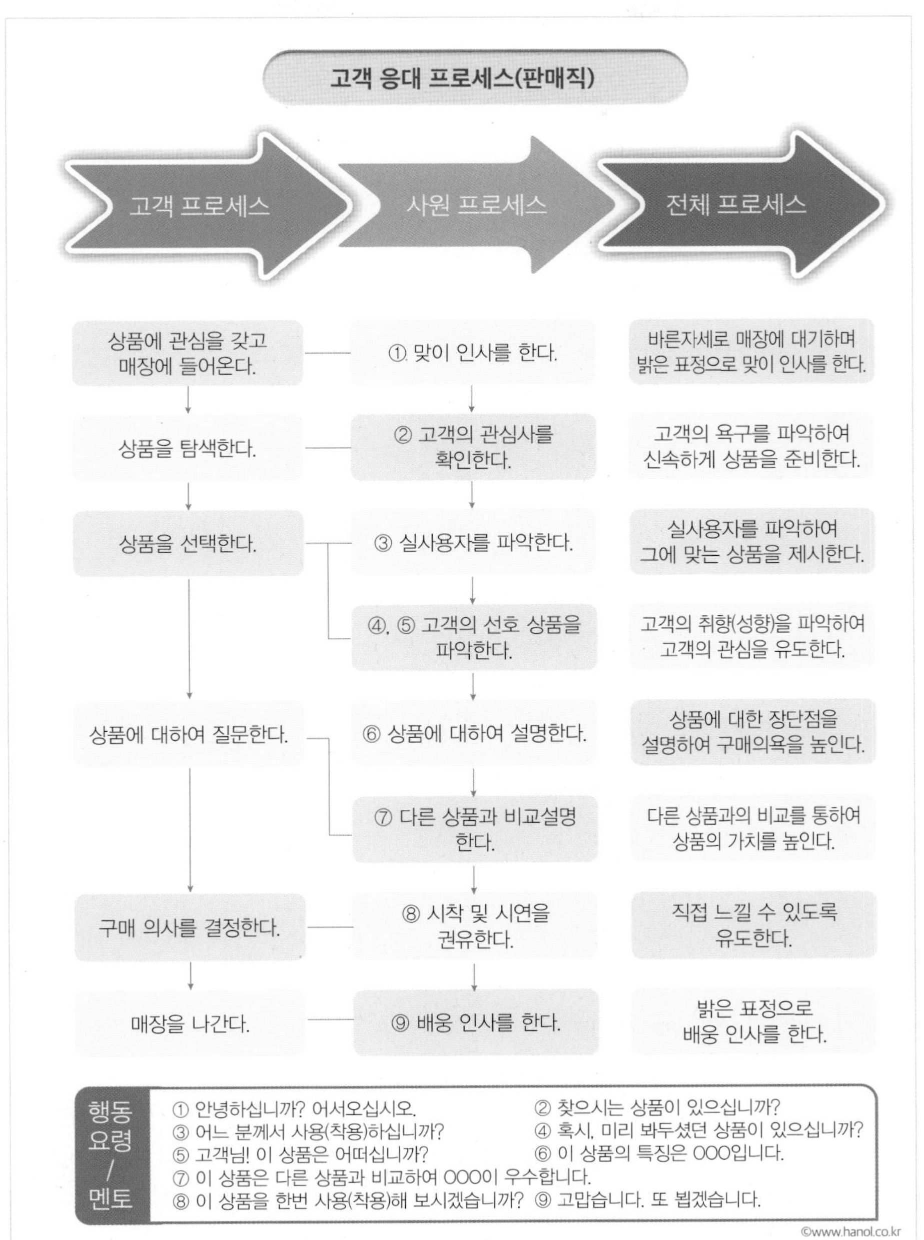
고객 응대 프로세스(판매직)
고객 프로세스
사원 프로세스
전체 프로세스
상품에 관심을 갖고 매장에 들어온다.
① 맞이 인사를 한다.
바른자세로 매장에 대기하며 밝은 표정으로 맞이 인사를 한다.
상품을 탐색한다.
② 고객의 관심사를 확인한다.
고객의 욕구를 파악하여 신속하게 상품을 준비한다.
상품을 선택한다.
③ 실사용자를 파악한다.
실사용자를 파악하여 그에 맞는 상품을 제시한다.
④, ⑤ 고객의 선호 상품을 파악한다.
고객의 취향(성향)을 파악하여 고객의 관심을 유도한다.
상품에 대하여 질문한다.
⑥ 상품에 대하여 설명한다.
상품에 대한 장단점을 설명하여 구매의욕을 높인다.
⑦ 다른 상품과 비교설명 한다.
다른 상품과의 비교를 통하여 상품의 가치를 높인다.
구매 의사를 결정한다.
⑧ 시착 및 시연을 권유한다.
직접 느낄 수 있도록 유도한다.
매장을 나간다.
⑨ 배웅 인사를 한다.
밝은 표정으로 배웅 인사를 한다.
행동요령 / 멘토
① 안녕하십니까? 어서오십시오.
② 찾으시는 상품이 있으십니까?
③ 어느 분께서 사용(착용)하십니까?
④ 혹시, 미리 봐두셨던 상품이 있으십니까?
⑤ 고객님! 이 상품은 어떠십니까?
⑥ 이 상품의 특징은 OOO입니다.
⑦ 이 상품은 다른 상품과 비교하여 OOO이 우수합니다.
⑧ 이 상품을 한번 사용(착용)해 보시겠습니까?
⑨ 고맙습니다. 또 뵙겠습니다.
©www.hanol.co.kr

고객응대실무

Chapter 09 고객과 고객 접점의 이해

생각해 봅시다

1. 기업이 고객과 만나게 되는 서비스접점들이 언제인지 생각해 봅시다.
2. 진실의 순간이란 무엇인지 알아보고 고객서비스 관점에서의 중요성에 대해 생각해 봅시다.

MOT 사이클을 작성하고 고객 접점 분석을 통한 매뉴얼을 작성해 봅시다.

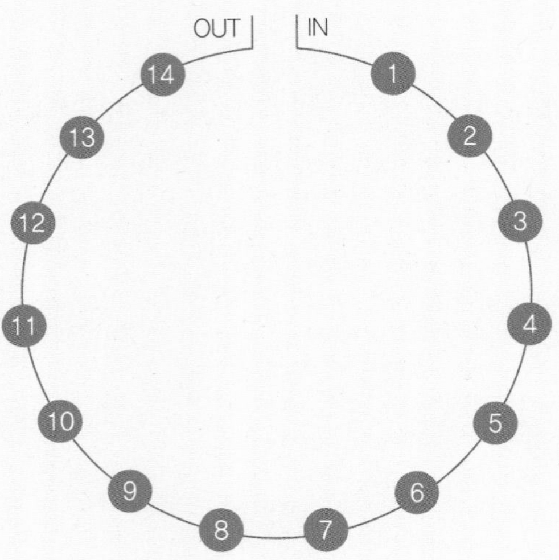

고객 접점	응대 멘트	접객 태도

고객 접점	응대 멘트	접객 태도

고객응대실무

Chapter 10

고객 안내와 접객 예절

1. 비즈니스 상황에서 연장자와 연소자가 처음 만났을 경우 어느 쪽이 먼저 명함을 건네는 것이 적절할지 생각해 봅시다.

2. 상사가 직접 운전을 하는 상황에서 상사의 부인과 하급자 세 명이서 함께 회사로 동승하여 가야 하는 상황이다. 이 경우 상석은 어디인지 생각해 봅시다.

Chapter 10 고객 안내와 접객 예절

1. 소개 매너

1 소개 시의 매너

소개 시에는 소개를 받는 사람이나 소개되는 사람 모두 일어서는 것이 원칙이다. 단, 환자나 노령인 경우는 일어나지 않아도 된다.

- 동성끼리 소개를 받을 때는 서로 일어난다.
- 남성이 여성을 소개받을 때는 반드시 일어선다.
- 여성이 남성을 소개받을 때는 반드시 일어날 필요는 없다. 나이가 많은 부인이나 앉아 있던 여성은 그대로 앉아 있어도 된다. 다만 파티를 주최한 호스티스인 경우는 일어나는 것이 원칙이다.
- 자신보다 지위가 매우 높은 사람을 소개받을 때는 남녀에 관계없이 일어서는 것이 원칙이나 환자나 노령인 사람은 예외이다.
- 부부를 소개받았을 경우 동성 간에는 악수를, 이성 간에는 간단한 목례를 한다.

2 소개하는 순서

소개하는 순서를 숙지하여 비즈니스 상황에서 결례를 하지 않도록 한다.

- 이성 간에는 남성을 여성에게 소개한다. 남성이 아무리 중요한 사람일지라도 지위가 높은 경우가 아니면 여성을 남성에게 소개하는 것은 실례가 된다.
- 지인을 잘 모르는 사람에게 먼저 소개한다.
- 두 사람을 소개할 때는 아랫사람을 윗사람에게 소개한다. 지위가 낮은 사람을 높은 사람에게, 후배를 선배에게, 연소자를 연장자에게, 미혼자를 기혼자에게 먼저 소개하는 것이 자연스럽다.
- 한 사람과 여러 사람을 소개할 때는 한 사람을 여러 사람에게 소개한다.

3 소개 시의 악수 매너

소개가 끝나면 보통 악수로 첫인사를 나눈다. 소개 시의 악수는 남성과 남성, 여성과 여성 동성끼리 이루어지며 이성 간일 때는 여성은 목례로 대신한다. 소개 시 악수를 나눌 때에는 다음과 같은 사항에 유의해야 한다.

- 소개를 받았다고 곧바로 손을 내밀지 않는다.
- 연소자가 연장자에게 소개되었을 때는 상대방이 악수를 청하기 전에 손을 내밀지 않는다.
- 연장자가 악수를 하는 대신 간단히 인사를 하면 연소자도 이에 따른다.
- 악수는 연장자가 연하자에게, 여자가 남자에게 청한다.
- 악수는 지위가 높은 사람이나 나이가 많은 사람이 먼저 손을 내밀어 하는 것이 원칙이다.

- 남자는 여자가 먼저 손을 내밀어 청하지 않는 한 여자와 악수를 하지 않는다.
- 악수는 원칙적으로 오른손으로 한다.
- 적당한 거리를 유지하면서 상대방의 눈을 보고, 가벼운 미소와 함께 손을 잡는다. 손은 적당한 힘을 주고 2~3번 상하로 가볍게 흔든다.
- 너무 느슨하게 쥐는 것은 상대를 무시하는 느낌을 줄 수 있고, 손끝만 가볍게 쥐는 것은 상대를 낮춰 보는 인상을 줄 수 있다. 악수를 할 때는 너무 세거나 약하지 않게 쥐는 것이 좋다.
- 오랫동안 손을 쥐고 있지 않는다. 계속 손을 잡은 채로 말을 하지 않는다. 이야기는 악수를 마친 후 계속 나누도록 한다.

2. 명함 매너

1 올바른 명함 교환

- 명함은 초대면인 상대방에게 소속과 성명을 알리고 증명하는 역할을 하는 자신의 소개이다.
- 받은 명함은 언제라도 금방 찾아볼 수 있도록 명함꽂이 수첩 등에다 잘 정리해 둔다. 상대방의 명함을 소중히 다루는 것은 상대방과 상대방 회사에 대한 경의를 표한다는 마음을 나타내는 것이다.
- 명함을 받았으면 날짜라든지 만난 장소, 간단한 용건 등을 뒷면에 메모해 두어 상대방을 기억하도록 한다. 단 상대방이 보는 앞에서 명함에 메모를 하는 것은 결례이다.
- 명함은 여유 있게 준비하여 명함집에 잘 보관한다.

(1) 명함을 건네는 법

- 명함을 교환할 때는 손아랫사람이 손윗사람에게 먼저 건네는 것이 예의이다. 소개의 경우는 소개받은 사람부터 먼저 건넨다. 방문한 곳에서는 상대방보다 먼저 명함을 건네도록 한다.
- 명함을 선 자세로 교환하는 것이 예의이다.
- 명함은 왼손을 받쳐서 오른손으로 건네며 자신의 성명이 상대방쪽에서 바르게 보일 수 있게 건넨다.
- 명함을 내밀 때는 정중하게 인사를 하고 나서 “○○회사의 ○○○이라고 합니다.”라고 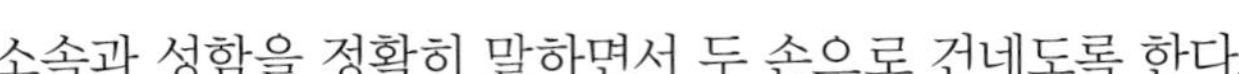 소속과 성함을 정확히 말하면서 두 손으로 건네도록 한다.
- 상사와 함께 명함을 건넬 때는 상사가 건넨 다음에 건네도록 한다. 여러 명이 방문한 경우에도 상사가 명함을 건넨다.

2 명함 받는 법

- 명함을 건넬 때와 마찬가지로 받을 때도 일어선 채로 두 손으로 받는다. 이때 인사말을 함께 건넨다.
- 명함을 받으면 그 자리에서 상대방의 회사명, 직위, 성명을 확인하여 대화 도중에 상대방의 소속과 성함을 잊어버려 명함을 꺼내 보는 일이 없도록 한다.
- 상대방의 이름이 읽기 어려운 한자일 경우는 상대방에게 물어서 확인한다.
- 명함을 받으면 반드시 자신의 명함을 주어야 한다.
- 명함을 받자마자 바로 집어넣는 것은 실례이다. 또한 받은 명함을 바지 주머니나 뒷주머니에 집어넣는 것은 절대 금물이다.
- 여러 명의 상대와 명함을 교환하는 경우에도 상대가 한 사람인 경우와 마찬가지

로 한 사람 한 사람씩 명함을 건네고 받는다. 이때는 상대를 혼동하지 않기 위해 받은 명함을 상대가 앉은 위치에 따라 나란히 늘어놓아도 실례가 되지 않는다.

3. 고객 응대 매너

1 복도에서 안내

- 복도 통행은 조용히 빨리 한다.
- 안내할 때는 손님보다 2~3보가량 비스듬히 앞서서 사선 걸음으로 걷는다.
- 남의 앞을 지날 때에는 한쪽으로 비켜서 다소곳이 지나가며 "실례합니다."하고 목례를 잊지 않는다.

예 손가락은 펴서 가지런하게 붙여 방향을 안내한다.

2 엘리베이터 안내

- 승강기 내에서의 상위자리는 들어가서 앞쪽(즉, 안쪽에서 보면 우측)으로 되어 있다. 타고 내리는 순서는 상급자가 나중에 타고 먼저 내리는 것이 원칙이다.
- 승무원이 없을 경우에는 버튼 조작을 위해 손님보다 먼저 타고, 내릴 때는 안전하게 버튼을 누른 상태에서 손님을 먼저 내리게 한다.
- 승무원이 있을 경우에는 손님보다 나중에 타고 내릴 때는 손님보다 먼저 내린다.

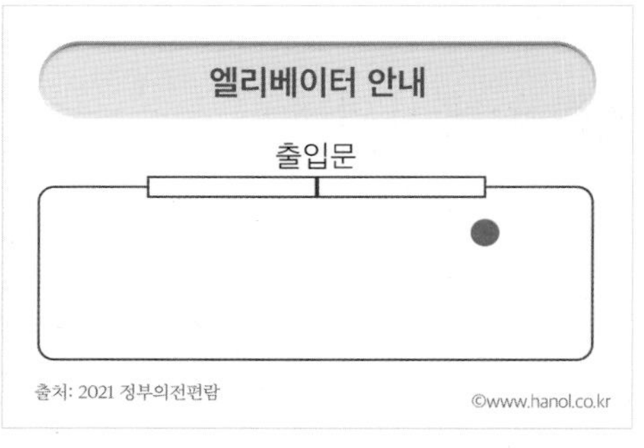

3 계단 및 에스컬레이터 안내

- 스커트 차림의 여성을 안내할 경우 계단을 오를 때에는 남자가 먼저 오르며 내려올 때는 여자가 앞서 내려온다.

예 고객보다 한두 계단 뒤에서 안내하며 올라가고 내려올 때는 고객보다 한두 계단 앞서 안내하며 내려온다.

4 문에서 안내

여닫이문

- 열고 닫는 사람의 위치는 손잡이의 안쪽, 문에서 약간 떨어진 곳에 옆으로 선다.
- 당겨서 여는 문일 경우는 안내자가 문을 당겨서 열고 서며 고객이 먼저 통과하도록 안내한다.
- 밀어서 여는 문일 경우는 안내자가 먼저 통과한 후 문을 활짝 열어 문 옆에 서서 문을 잡고 고객을 통과시키도록 한다.

미닫이문

- 문을 열고 닫는 사람의 위치는 문이 열릴 때 열리는 문짝이 옮겨가는 쪽에 선다.
- 안내자가 먼저 통과한 후 문 옆에 서서 문을 잡고 고객을 통과시키도록 한다.

회전문

- 회전문일 경우는 손님을 먼저 들어가게 하고 손님의 걸음속도에 맞추어 뒤에서 문을 밀어 안내한다.

5 보행 시 안내

- 길을 걸어갈 경우 우측보행을 한다.
- 보행 시 상급자가 앞에서 먼저 걷는다.
- 보행 시 하급자는 상급자의 왼쪽에서 걸으며 3명 이상 걸을 경우에는 상급자가 가운데에서 보행한다.

- 상급자나 여성, 연장자는 길 안쪽에서 걸으며 안내자는 바깥쪽에서 걸으며 안내한다.

6 상석 안내

자동차 상석

- 우리나라에서는 일반적으로 우측통행이므로 상위자가 마지막에 타고 먼저 내리는 경우와 상위자가 먼저 타고 나중에 내리는 두 경우가 있는데 후자의 경우에는 하위자가 자동차 뒤로 돌아 반대편 문으로 승·하차한다. 일반도로에서는 교통사고 발생에 유의해야 한다.
- 운전원이 있는 경우 상석은 운전원의 대각선 뒷자리, 즉 조수석 뒷좌석이다.
- 상급자가 직접 운전하는 경우 운전석 옆 좌석에 나란히 앉는 것이 매너이다.
- 여성이 스커트를 입고 탑승하는 경우 뒷좌석 가운데 자리에 앉지 않도록 해주는 것이 매너이다.

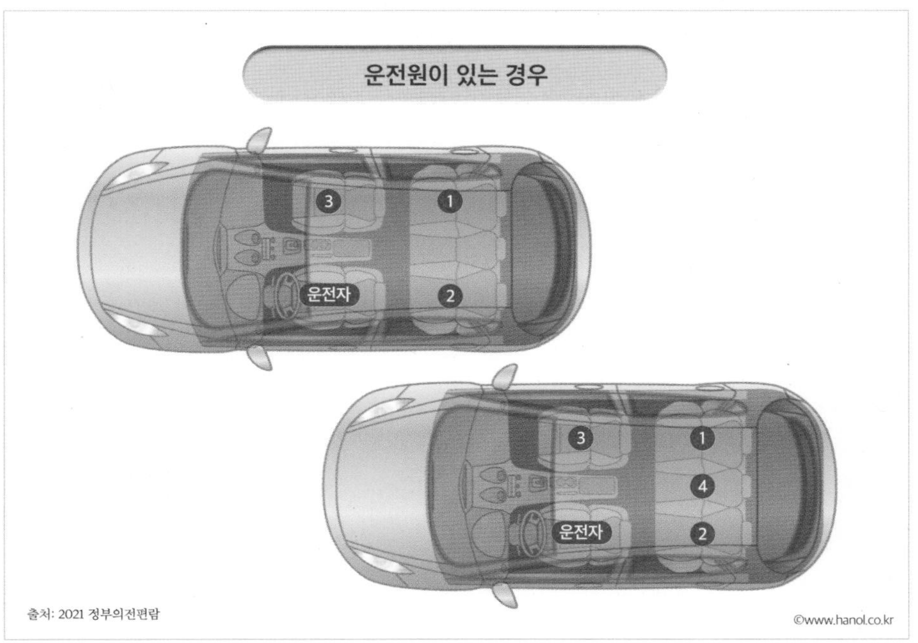

출처: 2021 정부의전편람

운전원이 없는 경우(상급자가 손수 운전하는 경우)

출처: 2021 정부의전편람

- 비행기의 경우, 상석은 비행기 종류에 따라 다르지만 일반적으로 앞쪽의 오른쪽으로 하는 경우가 많다. 창가 좌석, 통로 쪽 좌석, 가운데 좌석 순이다. 또한, 타고 내리는 순서는 상급자가 제일 나중에 타고, 제일 먼저 내리는 것이 국제적으로 일반화되어 있다. 다만, 위험 시에는 하위자가 먼저 타거나 내리는 것이 대원칙이다.
- 열차 탑승의 경우 상석은 열차의 진행 방향이며 창가, 맞은편 창가, 진행 방향으로 통로좌석, 맞은편 통로좌석 순이다.
- 실내에서의 상석은 출입문 쪽을 아랫자리로 하고 그 정반대 쪽을 상석으로 한다. 서양의 경우는 벽난로가 있는 쪽 중앙이 상석이고, 출입문 쪽을 아랫자리로 한다. 출입문의 반대쪽을 상석으로 하는 것이 부적당한 경우에는 정원을 바라볼 수 있는 벽쪽을 상석으로 하고 아랫자리는 정원을 등지게 한다. 응접 세트의 상석은 긴 소파의 오른쪽이 된다.

Chapter 10 고객 안내와 접객 예절

고객과 처음 만나는 비즈니스 상황이다. 상대방을 소개하고 올바른 명함 교환과 악수 상황을 연출해 봅시다.

3인 1조로 하여 소개, 악수, 명함 수수 예절을 상기하여 진행해 봅시다.

고객응대실무

Chapter 11

고객 유형의 이해

1. 원만한 인간 관계를 유지해 나가기가 쉽지 않은 이유에 대하여 생각해 봅시다.

2. 고객의 상황별 직원의 응대기법에 대하여 생각해 봅시다.

Chapter 11 고객 유형의 이해

1. MBTI의 이해

MBTI(Myers-Briggs Type Indicator)는 Jung의 심리이론을 바탕으로 하여, Catherine Briggs와 그의 딸 Isabel Myers가 개발한 성격 유형 검사도구이다.

MBTI의 목적은 각자가 인정하는 반응에 대한 자기 보고를 통하여 인식과 판단 작용에 나타나는 사람들의 근본적인 선호성을 알아내고, 각자의 선호성이 개별적으로 또는 복합적으로 어떻게 작용하는지의 결과들을 일상생활에 쉽고 유용하게 활용할 수 있게 하기 위함이다.

1 MBTI의 4가지 선호 경향

MBTI 검사지는 모두 95문항으로 구성되어 있는데, 인간의 성격 유형은 선천적인 4가지 선호성의 조합으로 이루어진다고 보았다. 이 선호성은 주어진 상황에서 사람들이 무엇에 주의를 기울이는지뿐만 아니라, 그들이 인식한 것에 대하여 어떻게 결론을 내리는가에 영향을 미친다. MBTI의 선호지표는 다음과 같다.

외향(E) Extroversion	⇦ 에너지의 방향, 주의초점 ⇨	내향(I) Introversion
감각(S) Sensing	⇦ 인식기능(정보수집) ⇨	직관(N) iNtuition
사고(T) Thinking	⇦ 판단기능(결정, 선택) ⇨	감정(F) Feeling
판단(J) Judging	⇦ 이해양식, 생활태도 ⇨	인식(P) Perceiving

2 선호 지표의 특징

(1) 외향-내향

외향형(E)	내향형(I)
(1) 에너지를 외부로 발산하며, 모든 사람들이 알 수 있도록 행동	(1) 에너지를 내부에 간직하며, 남들이 나를 아는 것은 어려움
(2) 행동에 집착하여 활동과 행동을 지향하고 외부에 초점	(2) 생각에 집착하고, 사고와 생각들을 지향하며 내부에 초점
(3) 자유롭게 그리고 크게 말함	(3) 말하기 전에 망설이며 조심스럽게 말을 진행
(4) 사람들이 붐비는 곳과 소음을 잘 견딤	(4) 사람들이 붐비는 곳을 피하며 조용함을 추구
(5) 쉽게 주의가 산만	(5) 집중을 잘함
(6) 사람들을 기꺼이 만나며 많은 활동에 참가	(6) 사람들을 만나는 것을 조심스럽게 진행시키며 선택적으로 활동에 참가
(7) 많은 일들이 생기는 대중적인 영역을 즐김	(7) 혼자 있을 수 있는 사적인 영역을 즐김
(8) 사람들이나 활동들에 관여하지 않으면 침착하게 있을 수 없음	(8) 혼자 있거나 방해받지 않는 시간을 충분히 갖지 않으면 불편
(9) 표현을 대강 훑어나가며, 편리한 방식으로 재빠르게 행동	(9) 신중한 방식으로 숙고해보고 행동

(2) 감각-직관

감각형(S)	직관형(N)
(1) 직접 관찰하고 몸소 체험	(1) 번뜩이는 영감을 사용
(2) 모방과 관찰을 통해 새로운 사실 배움	(2) 일반적인 개념을 통해 새로운 것들을 배움
(3) 구체적이고 확실한 성취를 가치 있게 여기며, 단계단계 밟아가며 터득	(3) 남다르고 특이한 성취를 가치 있게 여기며, 영감을 통해 터득
(4) 상상을 동원하여 얻은 정보에 가치를 두지 않으며, 실제적인 경험에 초점	(4) 직접적인 관찰을 통하여 얻은 정보에 가치를 두지 않으며, 가능성과 유추에 초점
(5) 현재 존재하는 것을 알아내는 나의 오감과 나 자신의 경험을 신뢰하며 그것의 지배를 받음	(5) 있을 법한 일들을 그려내는 나의 영감과 예감을 믿으며 그것의 지배를 받음
(6) 삶을 그 자체로서 받아들이고, 현실에 따라 변화를 추구하는 것에서 만족	(6) 삶이 어떻게 다를 수 있는지를 알아내고 그것에 적응하는 데에 있어서 쉴 틈이 없음
(7) 사물이 너무 많이 변화할 때에 괴로우며, 간략하고 정확한 정보를 선호	(7) 사물이 지나칠 정도로 명확하게 규정되어 있을 때에 괴로우며, 개괄적이고 종합적인 것을 선호
(8) 전통적인 것과 이미 친숙한 것들의 진가를 인정하며 즐김	(8) 새로운 것과 남다른 경험들의 진가를 인정하며 즐김
(9) 실제적으로 행동	(9) 상상력이 풍부한 행동
(10) 노력에 노력을 더함으로써 창조적	(10) 영감과 통찰을 통하여 창조적

(3) 사고-감정

사고형(T)	감정형(F)
(1) 진실을 목표로 삼고, 이성으로 더 결정	(1) 조화를 목표로 삼으며 감정으로 더 결정
(2) 타인들이 발견한 것들을 부정확할 것으로 믿고 타인들의 발견을 의심해 보는 것을 신조	(2) 타인들의 의견을 들어볼 만한 가치가 있다고 믿으며 타인들의 발견에 동의하기를 선호
(3) 사람들이 만날 때에 그들은 누구나 목적을 지니고 있다고 믿음	(3) 사람들이 나를 만나는 것은 그들이 나를 친숙하고 중요하게 생각
(4) 비합리적인 논리를 금방 알아냄	(4) 사람들이 언제 도움을 필요로 하는지 금방 알아냄
(5) 상황에 적절함보다는 진실함을 선택	(5) 진실함보다는 상황에 적절함을 선택
(6) 긍정적인 것을 간과하고 부정적인 것을 지적하고 비평	(6) 조화를 이루는 것에 중점을 두면서 사람들의 부정적인 면을 간과
(7) 보편적인 원칙에 나의 관심	(7) 개인적인 동기에 나의 관심
(8) 요구되는 바에 따라 사람들을 확실하게 엄하게 다룸	(8) 필요에 따라 사람들을 동료처럼 대함
(9) 논리적인 원칙에 따라 세상만사가 이루어지기를 기대	(9) 세상이 개인차를 인정해 주기를 기대

(4) 판단-인식

판단형(J)	인식형(P)
(1) 인생에 나의 의지를 반영하는 것을 선호하고 결정지향적 (2) 나는 계획된 순서대로 정착된 삶을 위하여 일함 (3) 결론에 도달하는 것을 선호 (4) 자신에게든지 타인에게든지 "해야 한다."와 "반드시 해내야 한다."라는 말을 사용 (5) 일을 완성하는 것을 즐김 (6) 나 자신이 옳기를 바라며 옳은 일을 하기를 바람 (7) 나 자신을 통제하고 결단성 있고 엄함	(1) 나의 인생에 적응할 수 있기를 원하며 어떤 경험이든 하길 원함 (2) 나는 그 어떤 것도 놓치지 않도록 나의 삶을 가능한 한 융통성 있게 유지 (3) 사물을 개방하는 것을 선호 (4) 자신과 타인에게 "아마", "가능성이 있다.", "그럴 수도 있다."는 말을 사용 (5) 일을 시작하는 것을 즐김 (6) 많은 경험을 하기를 바라며 아무것도 놓치지 않기를 바람 (7) 참을성이 있으며 적응능력이 있음

- E(Extroversion : 외향) : 주로 외적 세계를 지향하므로 외부 세계에서 일어나는 것에 의해 에너지를 얻으며 활동을 좋아하고 행동지향적이다.
- I(Introversion : 내향) : 내적 세계를 지향하므로 관념적 사고를 좋아하고 내면 세계에서 일어나는 것에 의해 에너지를 얻으며 생각을 주로 하는 활동을 좋아한다.
- S(Sensing : 감각) : 모든 정보를 자신의 오감에 의존하여 받아들인다. 무엇이 현재의 상황에 주어졌는가를 수용하고 처리하는 경향이 있으며 실제적이고 현실적이다.
- N(Intuition : 직관) : 모든 일의 가능성이나 심오한 의미와 전체적인 관계를 육감에 의존하여 얻어낸다. 전체를 파악하고 본질적인 패턴을 이해하려고 애쓰며 미래의 성취와 변화, 다양성을 즐긴다.
- T(Thinking : 사고) : 어떤 특별한 선택이나 행동에 대한 논리적인 결과들을 예측하여 의사를 결정한다. 객관적이며 일관성과 타당성을 중시한다.
- F(Feeling : 감정) : 인간 중심의 가치에 기초를 두어 결정한다. 인간 관계를 좋아하고, 보편적인 선을 더욱 선호하며, 조화를 중시한다.
- J(Judging : 판단) : 생활을 조절하고 통제하기를 원하면서 계획을 세우고 질서가 있다.
- P(Perceiving : 인식) : 상황에 맞추어 자율적으로 살아가기를 원한다. 개방적이고 자발적이며 적응력이 있다.

ISTJ(내향적 감각형)	ISFJ(내향적 감각형)	INFJ(내향적 직관형)	INTJ(내향적 직관형)
• 세상의 소금형 • 시작한 일은 끝까지 해내는 사람들	• 임금 뒷편의 권력형 • 성실하고, 온화하며, 협조를 잘하는 사람들	• 예언자형 • 사람과 관련된 뛰어난 통찰력을 갖고 있는 사람들	• 과학자형 • 전체적인 부분을 조합하여, 비전을 제시하는 사람들
ISTP(내향적 사고형)	**ISFP(내향적 감정형)**	**INFP(내향적 감정형)**	**INTP(내향적 사고형)**
• 백과사전형 • 논리적이고 뛰어난 상황적응력을 가지고 있는 사람들	• 성인군자형 • 따뜻한 감성을 가지고 있는 겸손한 사람들	• 잔다르크형 • 이상적인 세상을 만들어 가는 사람	• 아이디어뱅크형 • 비평적인 관점을 가지고 있는 뛰어난 전략가들
ESTP(외향적 감각형)	**ESFP(외향적 감각형)**	**ENFP(외향적 직관형)**	**ENTP(외향적 직관형)**
• 수완 좋은 활동가형 • 친구, 운동, 음식 등 다양한 활동을 선호하는 사람들	• 사교적인 유형 • 분위기를 고조시키는 우호적인 사람들	• 스파크형 • 열정적으로 새로운 관계를 만드는 사람들	• 발명가형 • 풍부한 상상력을 갖고 새로운 것에 도전하는 사람들
ESTJ(외향적 사고형)	**ESFJ(외향적 감정형)**	**ENFJ(외향적 감정형)**	**ENTJ(외향적 사고형)**
• 사업가형 • 사무적, 실용적, 현실적으로 일을 많이 하는 사람	• 친선도모형 • 친절과 현실감을 바탕으로 타인에게 봉사하는 사람들	• 언변능숙형 • 타인의 성장을 도모하고 협동하는 사람들	• 지도자형 • 비전을 가지고 사람들을 활력적으로 이끄는 사람들

출처: 한국심리검사연구소(KPTI)

2. DISC의 이해

- 인간의 행동 패턴(Behavior Pattern)에 관한 행동 유형 모델이다.
- 1928년 미국 콜롬비아대학 심리학교수 William Moulton Marston 박사에 의해 구성되었다.
- 자기주장의 표현 정도인 사고 개방도(Assertiveness)와 감정형의 정도인 감정 개방도(Responsiveness)에 따라 각각 주도형, 사교형, 안정형, 신중형으로 구분된다.
- DISC는 인간의 행동유형(성격)을 구성하는 핵심 4개 요소인 Dominance, Influence, Steadiness, Conscientiousness의 약자이다.

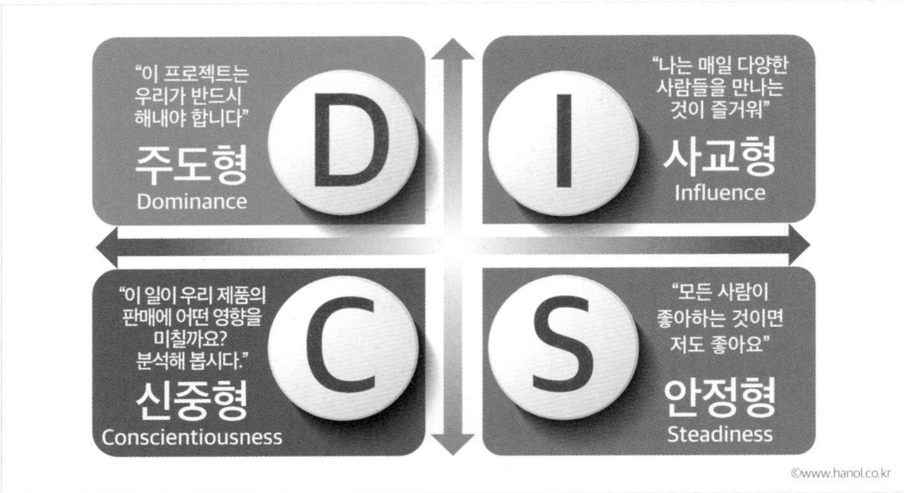

1 주도형(Dominance)

(1) 일반적 특징

- 즉시 결과를 얻음
- 다른 사람의 행동 유발
- 도전을 받아들임

(2) 유형별 강점

- 효율적
- 업무에 집중
- 결과 지향적
- 민첩한 행동

(3) 의사소통 전략

- 명료하고 구체적으로 핵심 제시

- 시간의 효율적 사용
- 목표와 결과 언급

(4) 동기부여 전략

- 독립적인 업무 기회 제공
  - 목표 달성에 대한 의견 제시
  - 도전할 수 있는 기회 제공

(5) 불만 고객 응대 요령

- 권위, 도전, 지위, 자유, 다양한 활동, 성장, 진보의 기회를 원한다.
- 직접적으로 간략하게 요점을 말하라
- '어떻게'가 아니라 'what'을 질문하라
- 그들이 원하는 일, 결과에 초점을 맞춰라
- 결과를 얻고, 문제를 해결하며, 책임을 질 사항을 개략적으로 설명하라
- 시간이 요구되는 것이라면 최종 결과나 목표와 관련지어 시간을 이야기해 주어라

2 사교형(Influence)

(1) 일반적 특징

- 사람들과 접촉
  - 호의적인 인상을 줌
  - 말솜씨가 좋음

(2) 유형별 강점

- 신속한 대응

- 편안한 분위기 형성
- 적극적이고 결과 중시

(3) 의사소통 전략

- 관계형성의 시간 확보
  - 흥미를 돋우는 의견
  - 사람들에 관한 의견과 질문

(4) 동기부여 전략

- 긍정적인 상호 접촉 기회 제공
  - 자유적인 토론 기회
  - 인정받을 수 있는 기회

(5) 불만 고객 응대 요령

- 사회적인 인정, 인기, 함께 이야기할 사람, 통제나 세부적인 것들로부터의 자유, 우호적인 작업조건, 능력에 대한 인정, 소속감 등을 원한다.
- 우호적이고, 다정한 환경을 제공하라
- 자극적이고, 사회적인 활동을 할 시간을 주어라
- 참여적인 관계를 형성하라
- 세세한 것은 글로 적어주어라
- 과업에 대한 보상을 주어라

3 안정형(Steadiness)

(1) 일반적 특징

- 예측 가능한 업무

- 전문적인 기술 개발
- 인내심과 충성심

(2) 유형별 강점

- 조언이나 상담에 적극적
  - 강한 신의
  - 깊은 신뢰와 자신감 부여

(3) 의사소통 전략

- 사적인 이야기 간단히 언급
  - 인간적으로 진정한 관심 표명
  - 부드럽게 대화

(4) 동기부여 전략

- 상호 협력적인 관계 설명
- 지속적인 업무 수행 인정
- 확실한 결과에 대한 협조

(5) 불만 고객 응대 요령

- 상황의 안정성, 변화에 적응할 시간, 그룹과의 일체감, 일상적인 업무, 전문적인 분야들을 원한다.
- 진실하며, 신뢰로운 환경을 제공하라
- 한 개인으로서의 진실한 관심을 보여라
- 그들에게 명료함을 주기 위해 '어떻게'에 관한 질문을 대답하는 데 초점을 두어라
- 목표와 역할, 절차와 장소 등을 명확히 제시하라
- 그들의 행동이 어떻게 위협을 최소화하면서 현재 업무를 촉진시키게 되는지를 강조하라

4 신중형(Conscientiousness)

(1) 일반적 특징

- 중요한 지시나 기준에 관심
- 세부사항에 집중, 분석적
- 예의 바르고 격식을 차림

(2) 유형별 강점

- 현실적인 이익 검토
- 주도면밀하고 보수적
- 뛰어난 문제 해결력

(3) 의사소통 전략

- 철저한 준비와 정확한 약속
- 논리적이고 체계적인 접근
- 일관된 모습

(4) 동기부여 전략

- 전문성을 살릴 수 있는 기회
- 질 높은 결과에 대한 후원
- 논리적, 체계적 노력 제공

(5) 불만 고객 응대 요령

- 개인적인 자율성, 계획된 변화, 개인적인 관심사, 정확한 직무기술, 통제된 환경, 정확한 예측 등을 원한다.
- 미리 준비할 시간을 준다.

- 정확한 데이터를 가지고 아이디어를 제시한다.
- 체계적이고 이해할 수 있는 방식으로 설명하라
- 동의한다면 구체적으로, 동의하지 않는다면 사람이 아니라 사실에 관해 그렇게 하라

3. 고객 상황별 응대 기법

1 신중한 고객

(1) 특징

- 실용성에 대하여 질문을 많이 한다.
- 망설임이 많다.

(2) 응대 요령

- 초조해하지 않고 질문에 성의껏 답한다.
- 사례나 타 고객의 반응을 예로 들며 추가 설명한다.
- 혼자 생각할 수 있는 시간적 여유를 준다.

2 빨리빨리형의 고객

(1) 특징

- “빨리빨리!” 재촉이 심하다.

- 객장에 앉아 기다리지 못하고 창구 앞에 서 있는다.
- 심지어는 "이렇게 하라, 저렇게 하라"고 업무 지시까지 한다.
- 다른 고객을 응대하는 사이에 끼어 든다.
- 이것저것 한꺼번에 얘기한다.
- 질문이 많고 짧다.
- 빨리 결정해 버리거나 번복 가능성도 높다.

(2) 응대 요령

- 정중함보다 신속함을 보여 준다.
- 동작뿐만 아니라 "네, 빨리 처리하여 드리겠습니다." 등의 말의 표현이 반드시 필요하다.
- 다른 고객에 대해 양해의 말이 반드시 필요하다.
- 늦어질 때는 사유에 대해서 분명히 말하고 양해를 구한다.
- 가입 상품에 대하여는 반드시 추가 설명을 한다.
- 언짢은 내색을 보이거나 원리원칙만을 내세우지 않는다.

(3) 삼가할 표현

- "글쎄요?", "아마…", "저…" 하는 식의 애매한 표현을 삼간다.

3 의심이 많은 고객

(1) 특징

- 뻔히 알 수 있는 사실에도 질문을 되풀이한다.
- 여러 상품과 비교되길 원한다.
- 다시 오겠다는 경우가 많다.
- 지나치게 자세한 설명이나 친절도 때로는 의심을 한다.

(2) 응대 요령

- 결코 답답해하거나 짜증 내지 않는다.
- 의견을 들어주고 상품에 대한 장점을 추가적으로 설명한다.
- 분명한 증거나 근거를 제시하여 설명한다.
- 자신감 있게 설득한다.

(3) 삼가할 표현

- "조금 전에 말씀 드렸잖아요."
- "웬 의심이 그렇게 많으세요?"
- "어휴, 답답해!"

4 신경질적인 고객

(1) 특징

- 매사에 짜증을 낸다.
- 작은 일에 민감한 반응을 보인다.

(2) 응대 요령

- 인내를 가지고 응대한다.
- 말씨나 태도에 주의를 한다.
- 불필요한 대화를 줄이고 신속히 조치한다.

(3) 삼가할 표현

- "손님 마음대로 하세요."
- "알아서 하세요."

5 뽐내는 거만형의 고객(자기 과시형)

(1) 특징

- 직원의 상품 설명에 대하여 부정적 반응이 많다.
- 금액에는 얽매이지 않는다는 듯이 표현한다.
- 다 알고 있다는 듯 설명을 잘 듣지 않는다.
- 자기 자랑이 심하고 거만하다.
- 직원보다 책임자에게 접근하려고 한다.

(2) 응대 요령

- 되도록 정중하게 대한다.
- 고객의 특이 사항을 찾아내어 칭찬을 해준다.
- 욕구가 충족되도록 추켜 세워준다.
- 의견에 대해 맞장구를 친다.

(3) 삼가할 표현

- "다 아시면서 뭘 물어보세요?" 식의 표현

6 온순하고 얌전형의 과묵한 고객

(1) 특징

- 직원에게 정중하게 접근한다.
- 말이 없는 대신 오해도 잘한다.
- 조금 불만스러운 것이 있어도 내색을 잘하지 않는다.

(2) 응대 요령

- 되도록 예의 바르게 응대한다.
- 말씨 하나하나 표현에 주의한다.
- +α 서비스를 제공할 수 있도록 한다.
- 성의있게 응대하고 업무 처리에 착오가 없도록 주의한다.
- 아무리 바빠도 시선은 반드시 마주치며, 영수증 등을 건네면서 말을 한다.
- 다른 고객을 대하는 모습도 영향을 줄 수 있으므로 언행에 주의한다.

7 어린이 동반 고객

(1) 특징

- 어린이에 대한 관심을 고객 자신에 대한 관심으로 여긴다.

(2) 응대 요령

- 어린아이의 특징을 파악해서 적절한 칭찬을 한다.
- 울거나 칭얼거릴 때 윽박지를 것이 아니라 살짝 안아주거나 다독거려준다.
- 어린이를 위해 껌이나 사탕을 준비하는 것도 효과적이다.

8 심부름 온 고객

(1) 응대 요령

- 심부름시킨 고객을 정중하게 대하되 부담감이 가지 않도록 친근하게 대한다.
- 자존심이 상하지 않도록 주의하며 특히 호칭 사용에 유의한다.

9 먼저 처리를 요구하는 고객일 때

- 계속해서 재촉하는 고객이 귀찮다는 생각보다는 기다리게 함을 죄송하게 생각하는 고객에 대한 배려가 필요하다.

10 고객이 큰 소리로 말할 때

- 우선 응대자의 목소리를 낮추고 천천히 말을 하여 상대방이 자기의 목소리가 크다는 사실을 알도록 한다.
- 계속 언성이 높으면, 응접실 등 다른 고객에게 방해가 되지 않을 장소로 안내한다.
- 장소를 바꾸면 대화가 중단되어 상대방의 기분을 전환시키고 목소리를 낮추게 하는 효과가 있다.

11 고객이 무리한 요구를 할 때

- 고객은 자신의 입장만 생각할 뿐 그 요구가 무리인 줄 알지 못한다.
- 우선 고객의 입장을 충분히 이해하고 있음을 알려준 후 납득할 수 있게 차근차근 설명한다.
- 다시 방문해야 하는 불편함에 대한 양해를 표한다.

12 거절할 때

- 고객의 입장을 인정해 준 후 공손한 거절 사유를 설명한다.
- 대안을 제시하는 친절을 보인다.
- 순간을 모면하기 위한 애매한 거절은 오해가 발생한다.

13 고객이 긴밀한 대화를 원할 때

- 1:1의 응대가 되도록 작은 목소리로 대화를 나눈다.
- 본인만 알아야 되는 사항 전달 시 메모로써 전달한다.
- 필요 이상의 말로 고객의 기분을 상하지 않도록 유의한다.

14 맞이와 배웅을 동시에 할 때

- 2인 이상을 동시에 응대하더라도 고객들에게 재촉하는 듯한 느낌을 주지 않도록 끝까지 정중하게 응대한다.

15 고객 응대 중 다른 고객이 왔을 때

- 응대 중인 고객에게 먼저 양해를 구한다.
- 다가선 고객이 머뭇거리지 않도록 신속하게 맞이한다.
- 양해의 말 + 상황 설명을 한다.

16 고객 응대 중 전화가 왔을 때

- 고객에게 먼저 양해를 구한다.
- 가능한 신속히 통화를 끝낸다.
- 통화가 길어질 경우 다시 전화를 걸겠다는 약속을 하고 끊는다.

고객응대실무

Chapter 11 고객 유형의 이해

아래와 같은 유형의 고객에 대한 적절한 응대법에 대해 생각해 봅시다.

1. 아까 전화했던 사람인데요. 깜빡 잊고 중요한 걸 안 여쭤봤네요. 그 물건은 언제까지 배송되는 건가요? 제가 토요일에 결혼식이 있어서 그러는데요, 조금 더 일찍 배송해 주시면 안 될까요? 그 옷을 꼭 입고 싶거든요. 친한 친구라 제가 특별히 도우미가 되어주기로 했는데, 꼭 부탁해요. 가능할까요?

❷ 지갑을 좀 보러왔습니다. 이 제품은 새로 나왔나 보군요. 예전에 못 보던 건데. 음, 무척 멋있군요. 이거 사람들이 많이 사나요? 남들이 많이 들고 다니는 건 왠지 좀 싫던데요. 어때요?

고객응대실무

Chapter 12 불만 고객 응대

1. 고객 불만 상황별 적절한 응대전략에 대해 생각해 봅시다.
   음식에 이물질이 들어간 경우(머리카락, 벌레, 휴지 등)

2. 기업의 불만 사례를 선정하고 적절한 불만 응대기법을 이용하여 해결하여 봅시다.

Chapter 12 불만 고객 응대

1. 클레임과 컴플레인

1 클레임과 컴플레인의 개념

클레임(claim)은 고객의 객관적인 문제점에 대한 지적을 의미하며 컴플레인(complain)은 고객의 주관적인 평가로 불만족스러운 메뉴 및 서비스에 대한 불평을 전달하는 것을 의미한다.

(1) 클레임

- 수입업자가 상대방인 수출업자에 대해 계약을 완전히 이행하지 않았다는 이유로 지불 거절, 지불 연기 또는 손해배상 등을 요구하는 것이다.
- 사업자, 서비스 제공자와 고객 관계에서 고객이 불만을 표현하는 것이다.
- 고객 클레임은 어느 고객이든 제기할 수 있는 객관적인 문제점에 대한 고객의 지적이다.

(2) 컴플레인

사전적인 의미는 '불평하다'이다. 오늘날 비즈니스에서 고객의 고통, 불쾌함 또는 난처함을 의미하는 표현이다.

(3) 클레임과 컴플레인의 차이점

- 클레임
  - 주장, 요구
  - 법적규정 등에 근거
  - 합리적 사실에 입각
- 컴플레인
  - 불평, 불만
  - 감정 속에 감춰진 사실이나 주장, 요구 발견
  - 커뮤니케이션 스킬

2. 불만 고객의 중요성

1 불평하는 고객에게 감사하라

- 불만 고객이 100%라 했을 때 기업에 직접 항의하는 고객은 6%이다.
- 친한 친구나 가족, 동료에게 험담이나 입소문을 내는 경우는 31%에 불과하지만 63%나 되는 불만 고객이 침묵한다.

고객이 침묵하는 이유

- 귀찮다.
- 불만을 어디에 말해야 할지 모른다.
- 불만을 말해도 해결될 것 같지 않다.
- 시간과 수고의 낭비이다.
- 서비스 불량은 시간이 지나면 증거가 없다.

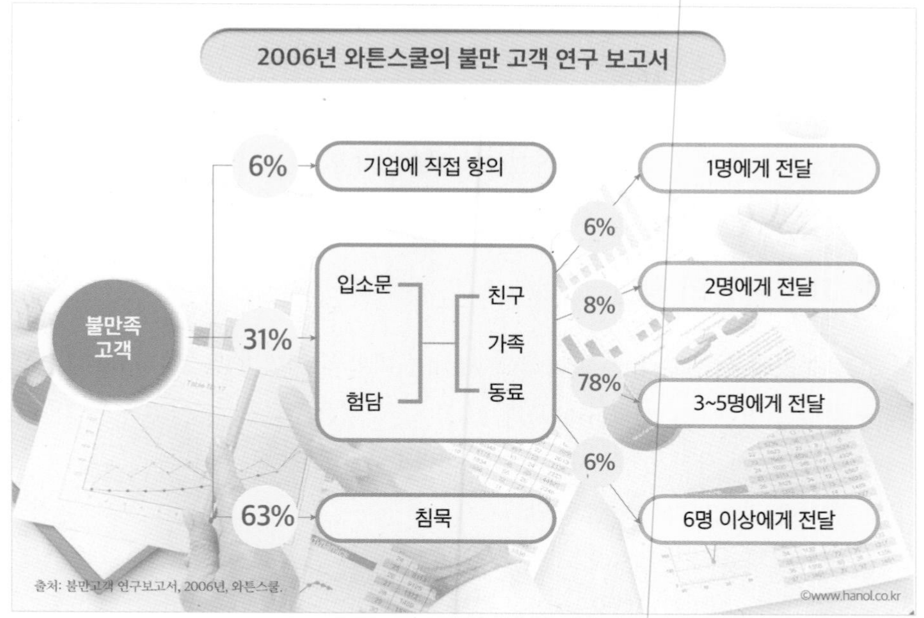

- 불쾌한 것은 빨리 잊고 싶어 한다.
- 특정한 사람의 행동을 비난해야 하는데 용기가 필요하다.
- 불만을 말함으로써 더 큰 불이익을 당할지 모른다.
- 불평 불만자라는 나쁜 이미지가 형성될 것 같다.
- 차라리 손해보고 거래를 끊으면 그만이다.

2 불만을 표출하는 고객의 중요성

- 빙산은 8분의 1은 수면 위로 올라와 있지만, 나머지는 물에 잠겨 있다.
- 수면 위에 가시적인 부분만 보아서는 안 되는 이유는 수면 아래에는 몇 십 배에 달하는 큰 빙산이 있는지 모르기 때문이다.

불만을 하는 고객은

- 무료 모니터 요원

- 새로운 아이디어를 제공
- 고객의 기대 수준을 알게 해줌
- 충성고객이 되겠다는 신호
- 불평을 비판으로 보기보다는 선물로 생각해야 함

3 고객 불만의 원인

고객 불만의 원인[미국 품질관리학회(ASQC)의 조사]은 제품의 불만 14%, 경제적 이유 9%, 주변 사람의 영향 5%, 이사 3%, 사망 1%임

- 고객니즈의 사전기대와 사후기대 차이로 인한 불만
- 구매 후 태도변화로 인한 불만
- 상품 자체의 하자·결함으로 인한 불만
- 약속, 거래조건 불이행으로 인한 불만

(1) 고객 불만 발생 3가지 유형

회사의 문제

- 수준 이하의 서비스
- 제품 결함
- 이용 불편
- 프로세스 및 규정(시스템 부재)

직원의 문제

- 불친절
- 업무 지식 부족
- 업무 처리 미숙 및 지연
- 응대 미숙
- 고객 감정에 대한 배려 부족 등 의사 소통 능력 부족

고객의 문제

- 지나친 고객의 기대
- 고객의 오해
- 서비스나 제품에 대한 정보 부족
- 고객의 부주의

사례 : "고객의 작은 목소리가 성공으로 이끈다"

"작은 소리라도 귀를 기울이고 불만 고객을 만들지 말라."

A(32·여)씨는 2013년 9월 직장 동료들과 함께 점심을 먹고자 경기도의 한 중국 음식점을 찾았는데 A씨는 자장면을 주문하면서 종업원에게 자기가 갑각류 알레르기가 있으니 새우는 빼달라고 했답니다. 그러나 A씨는 자장면을 먹던 중 손톱 크기 정도의 새우살을 씹어 이를 뱉어낸 뒤 식사를 이어가다가 다시 비슷한 크기의 새우살을 씹어 목이 붓고 호흡이 곤란해지는 알레르기 증상을 겪었다.

통역업에 종사하던 A씨는 병원 치료로 호흡곤란 등은 나아졌지만 이후 매우 작은 소리만 겨우 낼 수 있을 뿐 현재까지도 목소리를 제대로 낼 수 없게 되어 생업에 손해를 끼쳤다며 음식점을 상대로 1억여 원의 손해배상 청구 소송을 제기해 승소했다.
판결문에 따르면 "피고는 원고로부터 갑각류 알레르기가 있다는 사실을 미리 들었으므로 음식에 새우를 비롯한 갑각류가 들어가지 않도록 각별히 주의해야 할 의무가 있음에도 음식을 제공한 만큼 원고가 입은 손해를 배상할 책임이 있다."며 A씨에게도 일부 과실이 있다고 보고 음식점이 지급해야 할 금액을 원고 청구액의 60%인 6,700만 원으로 제한했다고 판시했다.

정확한 저간의 사정은 모르겠지만 주문을 받은 종업원이 가족인지 또는 아르바이트생인지 모르지만 평소 주문을 받을 때의 마인드 교육이 안 되었던 건 분명하다. 외국 유명 프랜차이즈의 경우처럼 손님 앞에 무릎을 꿇고 주문지에 받아 적어 주방에 전달하지는 못하더라도 고객의 주문에 한 치의 착오도 없이 정확하게 주방에 전달해야 한다는 정도의 사전 인지만 있었어도 거액의 보상은 하지 않아도 되었을 거다.

출처: 이원섭의 프로모션 이야기, on June 27, 2017아시아엔

3. 불만 고객 응대법

1 불만 고객 5가지 처리 원칙

(1) 피뢰침의 원칙 → 회사와 조직에 상처 입지 않기

- 고객은 나에게 개인적인 감정이 있어서 화를 내는 것이 아니다.
- 일처리에 대한 불만으로 복잡한 규정과 제도에 대해 항의하는 것이다.

(2) 책임 공감의 원칙 → '나의 일이 아니다.' 하여 다른 부서로 떠넘기는 행위 금지

- 고객의 비난과 불만이 나를 향한 것이 아니라고 하여 고객의 불만족에 대해서 책임이 전혀 없다는 말은 아니다.
- 우리는 조직구성원의 일원으로서 내가 한 행동의 결과이든 다른 사람의 일처리 결과이든 고객의 불만족에 대한 책임을 같이 져야만 한다.

(3) 감정 통제의 원칙 → 감정에 의한 일 처리 금지

- 사람을 만나고 의사소통하고 결정하고 집행하는 것이 직업이라면 사람과의 만남에서 오는 부담감을 극복하고 자신의 감정까지도 통제할 수 있어야 한다.

(4) 언어 통제의 원칙 → 고객 이야기 많이 들어주기

- 고객보다 말을 많이 하는 경우 고객의 입장보다는 자신의 입장을 먼저 고려하게 된다.
- 고객의 말을 많이 들어주는 것만으로도 고객들이 돌아가면서 좋은 느낌을 가지고 가는 것이다.

(5) 역지사지의 원칙 → 고객 입장이 되어주기

- 고객을 이해하기 위해서는 반드시 그의 입장에서 문제를 바라봐야 한다.
- 고객은 자신에게 관심을 가져주는 사람에게 관심을 가져준다.

2 불만 고객 기본 프로세스

(1) 4단계

- 1단계 : 사유를 경청
- 2단계 : 원인을 규명
- 3단계 : 해결책 강구
- 4단계 : 결과를 알려주고 효과를 검토함

(2) 5단계

- 1단계 : 주의 깊은 경청과 공감 표현
- 2단계 : 컴플레인의 내용을 정확하게 질문 및 기록
- 3단계 : 고객에게 컴플레인을 이해하였음을 표현
- 4단계 : 해결방안 모색 및 고객의 동의
- 5단계 : 컴플레인에 대하여 감사 표현으로 진행

(3) 9단계

- 1단계 - 사과 : 진심으로 사과함(우선 사과법칙)
- 2단계 - 경청 : 어떠한 점이 불만인지 적극적으로 경청
- 3단계 - 공감 : 고객 불편사항을 공감하기
- 4단계 - 원인분석 : 문제점이 무엇인지 명확히 파악
- 5단계 - 해결점 제시 : 불만사항에 대한 해결점 찾기

- 6단계 - 고객의견 청취 : 해결점에 EOGKS 고객의 생각과 의견 청취
- 7단계 - 대안제시 : 불만해결이 안 되었다면 다시 대안 제시하기
- 8단계 - 거듭 사과 : 다시 한번 사과하기
- 9단계 - 감사 표시 : 이해해 주심에 대한 감사

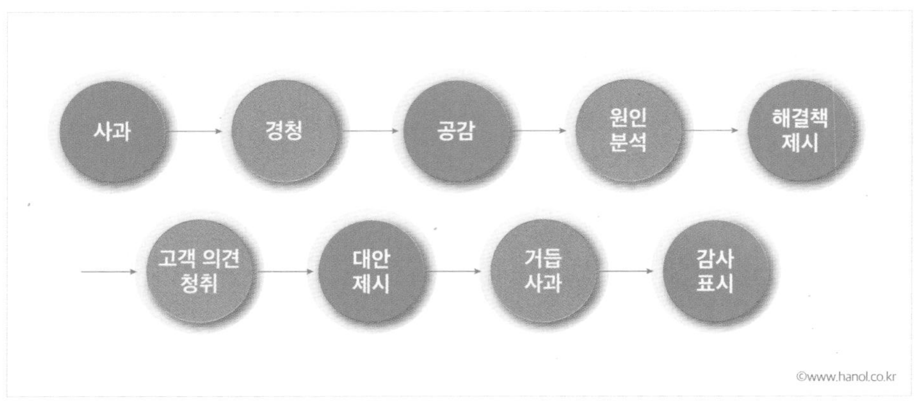

3 불만 고객 처리 기법

(1) 고객 불평, 불만 처리의 MTP법

사람을 바꾼다.

- Man : 누가 처리할 것인가?

예 담당직원 → 지배인, 상급자
사원 → 상사, 신입사원 → 경력사원으로 바꾸어 고객 불평을 처리한다.

시간을 바꾼다.

- Time : 언제 처리할 것인가?

예 상황에 따라 가능하면 즉각 답변을 피하고 냉각 시간을 둔 후 답한다.
시간이 많이 걸릴 경우에는 고객에게 중간보고를 한다.

✓ **장소를 바꾼다.**

- Place : 어느 장소에서 처리할 것인가?

예 서서 이야기 → 앉아서 이야기
영업장 → 사무실, 응접실
여러 명의 고객 → 일대일 응대로 분위기 전환

(2) 불만 고객 응대 HEAT기법

✓ **H(Hear them out)**

- 고객으로 하여금 불만 사항을 다 털어 놓을 수 있게 끝까지 경청한다.
- 중간에 변명을 하거나, 말을 가로막는 것, 건성으로 듣거나 불성실한 태도를 삼간다.
- 이때 서비스 제공자는 상처받지 않도록 자신의 일로 받아들이지 말고 객관적으로 수용한다.

✓ **E(Empathize)**

- 고객의 분노를 깊이 공감한다.
- 선입견을 버리고 관심을 기울여 마음으로부터 공감한다.

✓ **A(Apologize)**

- 정중하게 사과한다.
- 고객을 화나게 한 일에 대해 정중하게 사과한다.

✓ **T(Take responsibility)**

- 친절, 신속하게 해결책을 제시하고 처리한다.
- 고객이 납득할 수 있는 해결 방안을 제시한다.

불만 처리 시 주의 사항

1. 고객이 좋지 않은 경험을 가지고 떠나지 않도록 한다.
2. 고객에게 변명하지 않는다.
3. 문제에 대해 타인을 책망하지 않는다.
4. 고객을 방어적, 본능적으로 대하지 않는다.
5. 고객과의 논쟁은 하지 않는다.
6. 고객이 처한 상황을 무시하지 않는다.
7. 고객의 불평 사항을 혼자서 해결하려 하지 않는다.
8. 고객이 부담감을 갖지 않게 한다.
9. 현재 발생한 문제에 대해 매니저나 동료와 의논하는 것을 고객이 듣지 않도록 한다.

불만 처리자의 태도

1. 고객을 어리석다고 봐서는 안 된다.
2. '고객은 변덕스럽다.'라고 생각하지 않는다.
3. '나는 종업원이다. 나에게는 결정 권한이 없다.'라 생각하지 않는다.
4. 회사의 상품 서비스에 대한 비평을 하지 않는다.
5. 사실을 확인하지 않고 조급히 결정해서는 안 된다.
6. '절대', '우리 회사만 그런 게 아니다.', '조금씩은 어쩔 수 없다.' 등의 말을 해서는 안 된다.
7. 불만 고객에 대한 선입관은 금물이다.
8. 까다로운 고객이라 해서 규정 이상의 보상을 해서는 안 된다.

고객을 더 화나게 하는 응대

- 고객과 함께 흥분하기(고객 가르치기)

  "고객님, 제가 그런 뜻으로 말씀드린 건 아니잖아요~"
- 고객 의심하기

  "고객님 말씀이 정 그러시다면, 우선 제가 확인해 보고…"

- 정당화하기(회사 규칙상 어쩔 수 없다고 말하기)

  “저희로서도 어쩔 수 없는 부분이기 때문에…”
- 개인화하기(책임 회피)

  “누가 처리했는지 모르겠지만요… 제가 생각하기로는…”
- 고객 무시(밝혀내기)

  “지금 확인해 본 결과, 고객님이 … 말씀하신 건…”
- 사과만 하기

  “죄송합니다.”만 되풀이하고 대안을 제시 안 한다.
- 고객을 인터뷰하기

  “영수증은 어디 있죠? 성함은 어떻게 되시죠?”

  “이 상품 언제 구입한 거죠?”
- 암묵적으로 거절하기

  말로는 “네. 고객님 죄송합니다.” 하면서 표정은 일그러져 있다.
- 아무 반응도 보이지 않기(사후 처리)

  “약속 불이행 시…”

고객응대실무

Chapter 12 불만 고객 응대

다음 사례를 읽고 자신이 응대직원이라 가정하고 적절한 응대 상황을 연출해 봅시다.

본 매장은 겨울 시즌 오프를 맞이해 작년에 가장 많이 팔렸던 인기 품목들을 세일 행사를 하던 중 마지막 재고 1개를 남기고 고객이 구매를 했다.
고객이 아주 만족해하였으며 결제 처리를 마친 직원은 가죽 제품인 성향에 따라 가죽 클리너로 정돈하던 중 살짝 경미하게 기스가 났다.
고객이 그 기스를 보고 화를 내며 새제품으로 교환해 달라고 하였지만 세일 상품이라 본 매장에 한정된 개수는 이미 솔드 아웃되었고 바꿔드릴 여분의 제품이 남아 있지 않은 상황이다.

다음의 사례를 읽고 적절한 불만 고객 응대 기법을 적용하여 응대 상황을 연출해 봅시다.

3명의 고객은 뷔페에서 맛있는 식사를 하는 도중이었습니다. 음식 맛도 좋았고, 불편함도 없었기에 만족해하고 있었습니다. 그러던 중 3명의 고객 중 한 명의 비빔밥에서 이물질(철사)이 나오는 일이 발생했습니다. 고객은 바로 보이는 직원을 불렀고, 그 직원은 아르바이트생이었습니다. 아르바이트생은 잠시만 기다려 달라고 말하며 초기 대응을 하지 않고 사라졌습니다. 고객의 기분은 이미 상하기 시작하였습니다.

다음의 사례를 읽고 적절한 불만 고객 응대 기법을 적용하여 응대 상황을 연출해 봅시다.

- **장소** : 호텔 레스토랑
- **상황** : 직원(나)은 트레이에 손님들이 먹고 남긴 접시들을 겹겹이 쌓아 이동하던 중이었다. 홀을 빠져나가던 중 손님의 호출 소리를 듣고 뒤를 돌아보는 동시에 지나가던 손님과 어깨가 부딪히며 충돌이 생기고 접시에 있던 음식 일부분이 식사를 하고 있던 손님의 바지 위에 떨어진 상황이다.

고객응대실무

Chapter 13 고객 만족 성공 사례

1. 교재의 고객 만족 성공 사례들에서 고객 감동의 핵심적인 요인이 무엇이었는지 생각해 봅시다.

2. 고객 만족과 내부 고객(종사원) 만족과의 관계에 대하여 생각해 봅시다.

Chapter 13 고객 만족 성공 사례

1. 사우스웨스트 항공사

1 웃음과 재미를 서비스하라

- 사우스웨스트 항공사는 1971년 Rollin King과 Herb Kelleher에 의해 설립되었다.
- 그들은 승객들을 원하는 장소에, 원하는 시간에, 그리고 더욱 싼 요금으로 데려다 주는 것에 초점을 맞추어서 경영해왔다.
- 낮은 가격과 고객 만족을 위한 군더더기를 없앤 단거리 수송, 독특한 CEO의 경영 마인드와 틈새시장 공략, 직원들의 헌신으로 43년간 흑자를 기록했다.
- 사우스웨스트 항공의 강점은 경영자와 종업원의 신뢰 위에, 권한을 위임받은 종업원의 만족도가 극히 높다.

2 사우스웨스트 항공사의 전략

- 저렴한 항공료
- 10분 순환구조(비행기 착륙에서 다음 비행까지 준비 시간이 10분)

- 서비스 단순화
- 가장 빠른 단거리 점대점 직항 노선 : 이를 위해서 공항도(중요 공항이 아닌 중소 규모의) 제2공항을 단독으로 이용하고, 기종도 통일했으며, 국제노선뿐만 아니라 타 항공사와의 환승과 같은 연계 업무도 과감히 포기
- 섬김 리더십 : CEO의 자신을 낮추며 즐거운 분위기를 연출하는 겸손함(휴가 떠난 직원들을 대신해 공항 현장에서 수화물운반, 기내 서비스를 함)
- 성공적인 내부 마케팅
  - 팀워크 : 채용에 있어서 학벌이나 경력, 기술보다도 그 사람이 팀워크가 있는지, 회사 문화에 잘 적응할 수 있는지를 중요시 여김
  - 차별화된 이미지(유머 경영)
  - 고객이 느끼는 서비스 가치의 극대화 : 저렴한 항공 요금을 가지고 있지만 가장 기본적인 서비스에 해당되는 이·착륙 시간의 준수, 이용의 편의성, 잦은 운항 간격에 대해 만족함

사례 1

"우리는 선 밖에 색을 칠하는 사람, 즉 엉뚱한 서비스가 가능하도록 창조적이며 적극적으로 봉사하는 사람을 채용한다." 라고 인재 담당 부사장인 엘리자베스 서틴은 말한다. 사람을 중요시한다는 의미에서 매년 밸런타인데이에 텍사스의 러브필드에 있는 본사 로비에서, 고객 접점 활동을 하고 있는 사람과 고객의 눈에 띄지 않고 이면에서 훌륭한 공헌을 하고 있는 사람을 표창하는 '마음의 영웅상(Heroes of the Heart)'의 성대한 축하가 있다. CS(고객 만족)는 ES(종업원 만족)가 있고 나서야 가능하다는 허브 켈허 회장의 신념이 배어 있는 행사이다. 켈허 회장과 종업원 간의 파트너십의 강도는 켈허가 무척 좋아하는 헐리 데이비슨의 특별 주문 오토바이를 모리스 공항의 파일럿과 사원들이 보냈다는 사실에서도 이해할 수 있을 것이다.

사례 2

사우스 웨스트 창업자 허버트 켈러

승무원들은 재미있는 분장으로 깜짝 쇼를 하기도 하고, 부활절이나 할로윈데이같이 특별한 날에는 그날에 어울리는 다양한 의상을 입기도 하며, 항공사에 전화를 건 고객들에게는 "담당자와 30초 이상 연결되지 못한 고객은 8번을 눌러 주십시오. 그렇다고 빨리 연결되는 것은 아니지만 적어도 기분은 좋아질 것입니다."라는 재미있는 안내 메시지를 전해 준다.

기내에서 제공하는 음료수와 땅콩 봉지에는 '귀하를 위해 마련한 사치스런 서비스'라고 표기하고 가끔 승객들이 직접 땅콩 서비스를 하게끔 하는 일도 있다.

비행기 안 금연 문구에 '흡연은 비행기 날개 위 스카이 라운지를 이용해 주십시오. 날개 위에 앉아 감상하실 영화의 제목은 바람과 함께 사라지다입니다.'로 웃음을 선사한다.

비행기가 목적지에 도착하면 자신이 근무하는 회사에 대한 애정과 자부심이 가득한 피날레 방송을 들을 수 있다. "우리 항공사의 첫 번째 이름은 사우스이고, 두 번째 이름은 웨스트입니다. 나는 매일 이 비행기를 타는 것을 좋아합니다. 만약 내게 그 이유를 묻는다면 이렇게 대답하겠습니다. 사우스웨스트는 날마다 나에게 햇빛을 비춰주기 때문이지요."

출처: www.southwestaircommunity.com/

공동창업주: 허브 켈러허

2. 스튜 레오나드

1 고객은 언제나 옳다

1969년 고객들에게 우유가 가공되는 과정을 직접 보여주며 우유 가공공장 주변에 상점건물을 세워 배달료절감과 용기 규격화로 늘 신선한 우유를 선별 판매하면서도 일반 소매가격보다 가격 경쟁력을 가질 수 있었던 이 상점은 이후 2만여 개 상품을 판매하는 일반 슈퍼마켓에 비해 900여 개의 상품만 취급하면서도 단위 면적당 세계 최고의 매출을 기록하는 토털 상점으로 급성장한다.

- 미국 동부 코네티컷 주에 기반을 둔 낙농제품 전문 슈퍼마켓 스튜 레오나드(Stew Leonard) 매장 입구의 'policy stone'에 새겨져 있는 회사의 정책

Our Policy(우리의 정책)
RULE 1 THE CUSTOMER IS ALWAYS RIGHT!
(정책 1 고객은 항상 옳다!)
RULE 2 IF THE CUSTOMER IS EVER WRONG, REREAD RULE 1.
(정책 2 만약 고객이 옳지 않다면 정책 1을 다시 보라.)

2 신조에 담긴 창업자 스튜의 정신

사례 1

슈퍼마켓을 연지 얼마 안 되었을 때 일이다. '상품 관리'를 제1원칙으로 삼고 있던 그에게 한 할머니 고객이 어제 산 달갈이 상했다며 반품을 요구하러 왔다.

이에 대해 매장 책임자는 "우리 회사 물류 시스템이나 매장관리 제도를 아무리 살펴보아도 여기서 그런 상품을 판매한다는 것은 도저히 있을 수 없다. 상한 것은 그 원인이 무엇이든 고객의 실수

였을 것인 만큼, 부당한 교환은 해줄 수 없다."는 것이었다.

그러자 그 할머니는 "내가 이 매장을 좋아해서, 다시는 이런 실수가 없게 하려고 12km나 달려와서 얘기했는데… 내 눈에 흙이 들어가기 전에 다시는 여기서는 구매하는 일이 없을 거야!"

이 사건 이후 스튜는 자신이 잘못했음을 뉘우치고 '어떠한 의견이든 고객의 말은 모두 옳다. 예외는 없다. 고객의 목소리대로 경영하자'고 결심하고 'Policy Stone'을 세우기에 이르렀다.

스튜 레오나드는 고객들의 의견이나 직원들의 제안 중 채택된 안건에 대해선 대부분 24시간 내 반영하는 고객 만족 시스템을 운영하고 있다.

사례 2

매일 새벽에 배달된 신선한 생선을 진열해 놓았음에도 불구하고 '신선해 보이지 않는다.'는 주부들의 지적을 조사해보니 진열대 생선이 랩으로 포장되어 있어서 얼음 위에 있는 것보다 신선해보이지 않는 문제점을 발견하고 바로 그다음 날 얼음으로 채운 투명 진열대 위에 생선을 올려놓자 판매량이 2배 이상 올랐다.

녹색 플라스틱 용기에 포장된 딸기 판매 방식에서 소비자들이 직접 맛있어 보이는 것으로 골라 담게 하는 오픈 셀프 방식을 채택하여 판매량을 증가시켰다.

새로운 마케팅 개발을 위해 경쟁사나 유사 업종의 흥미로운 아이디어를 연구하는 직원 자체 동아리인 원아이디어 클럽 활동도 적극 지원하고 있는 이 회사는 고객 서비스 관련 직원 교육에서 약자 YES로 함축된 철학을 강조한다.

Y: 너(you) E: 격려(encourage) S: 지지(support)

당신(직원)은 고객의 입장에서 항상 생각하여야 하며, 고객이 우리의 서비스와 제품, 그리고 직원에 대한 불만을 자연스레 말할 수 있도록 격려(encourage)하며, 회사는 당신들에게 전폭적인 지지(support)를 보내는 만큼 자신의 위치에서 스스로 결정을 내려 행동하시오.

출처: www.stewleonards.com

3. 월마트

1 미소 짓지 않으면 1달러

- 월마트는 '뼈를 깎는(bare-bone) 저가정책(everyday low price)'이라는 성공비결을 써서 할인 판매점으로 성공하였다.
- 다른 경쟁자가 소홀히 하고 있었던 틈새(niche) 시장에 과감하게 진출, 소도시에도 진출하여 그 시장을 완전히 석권하였다.
- 미소를 짓지 않으면 1달러를 주는 종업원, 무제한 반품 제도를 실시하였다.
- 모든 경영 활동들은 최종 고객을 지향하는 하나의 프로세스로 인식한다.

2 언제나 웃는 얼굴로 고객의 눈을 보며 인사하기

자, 오른손을 올리고 우리가 월마트에서 한 말을 기억하시기 바랍니다.
"우리가 한 약속은 반드시 지킨다."
그리고 나를 따라서 이렇게 말하십시오.
"나는 오늘부터 고객이 나의 반지름 10피트(약 3미터) 이내에 들어오면 언제나 웃는 얼굴로 상대의 눈을 들여다보며 인사하겠다고 엄숙히 약속합니다."

- 샘 월튼(월 마트 창립자)이 1980년대 중반 위성 TV 통해 10만 명 직원에게 한 연설문에서 -

3 고객에 대한 초점(월마트 창시자 샘 월턴)

월마트 창시자 샘 월턴

- "이 세상에는 단 한 명의 보스가 있을 뿐이다. 바로 고객이다. 고객은 이 사회 의장부터 부하 직원까지 회사 내 모든 사람을 해고할 수 있다. 그들이 월마트가 아니라 다른 회사에 가서 돈을 쓰면 그걸로 끝이다."
- "고객의 기대를 넘어서라. 고객이 원하는 것을 주고, 나아가 그 이상을 줘라."
- "고객으로 하여금 우리가 고객에게 감사하고 있다는 것을 알 수 있게 하라. 이렇게 해야 고객들이 우리 점포를 다시 방문할 것이다."

출처: http://corporate.walmart.com

4. 스칸디나비아 항공

1 15초 안에 고객을 만족시켜라

얀 칼슨(jancarlzon)은 1978년 36세의 나이에 스웨덴 국내 항공사 린네후류 LINJE-FLYG사의 사장으로 취임하였다. 경영실적을 인정받고 1981년엔 스칸디나비아 항공사(Scandinavian Airlines, SAS)의 사장으로 전격 발탁되어 1979년, 1980년 2년 연속 적자 늪에서 허덕이던 스칸디나비아 항공사를 1년 만에 흑자기업으로, 유럽에서 가장 시간을 잘 지키는 항공사로 키워낸 인물이다. 고객을 가장 먼저 접하는 프런트 라인(front line)에서의 고객 접점 15초가 기업의 성패를 가르는 MOT(moment of truth, 진실의 순간)임을 강조하고 고객 접점 경영의 성공신화를 일궈낸 주인공이다.

1986년 SAS에서는 대략 1,000만 명의 고객이 각각 5명의 직원들과 접촉했으며, 1회 응대 시간은 평균 15초였음을 조사 결과 알게 되었다. 즉, 1년에 5,000만 번 고객의 마음속에 회사의 인상을 새겨 넣는 순간들이 있었다는 것이다.

칼슨은 이 15초 동안의 짧은 순간순간이 결국 SAS의 전체 이미지, 나아가 사업의 성공을 좌우한다고 이야기하면서, 이 순간들이야말로 SAS가 최선의 선택이었다는 것을 고객들에게 입증해야만 하는 때라고 강조하였다.

칼슨은 MOT의 개념을 소개하기 위해 불결한 트레이(접시 또는 쟁반)를 예로 든다. 만약 승객들이 기내에서 제공되는 자신의 음식 트레이가 지저분하다는 것을 발견하게 되면, 그들은 그 순간에 자신이 탑승하고 있는 비행기가 불결하다고 느끼게 된다고 말한다. 이처럼 MOT는 서비스 제공자가 고객들에게 서비스의 질(質)을 보여줄 수 있는 극히 짧은 시간이지만, 고객의 인상을 좌우하는 극히 중요한 순간이다.

칼슨은 서비스기업의 본질은 일선 직원들이 개별 고객에게 제공하는 서비스의 품질이라고 강조한다. '고객이 경제활동을 주도라는 시대가 온다.'고 주장한 그는 고객위주의 경영혁신을 위해 감독관의 허락을 기다리는 현장감과 거리가 먼 상의하

달식 통제체제를 버리고 서비스를 담당하고 있는 최일선 사원에게 현장 문제에 유연하게 대처할 수 있는 재량권을 부여한다.

사례 1

스웨덴 수도 스톡홀름에서 코펜하겐으로 가는 비행기 안, 이륙을 앞두고 1등석 승객을 응대하던 사무장 눈에 흘끔흘끔 호기심 어린 눈으로 1등 칸을 훔쳐보는 일반석 승객이 들어왔다. 그와 눈이 마주친 사무장은 입가에 편안한 미소를 지으며 그에게 들어오라고 61등석 공간뿐 아니라 조종실까지 보여주고는 음료수 한 잔을 제공하는 그에게 승객은 물었다.

"요즘 이 항공사에서 일하기엔 어때요?"

"매우 좋습니다. 예전과는 완전히 다른 회사가 된 것 같아요."

"무엇이 어떻게 달라졌는데요?"

"보세요. 제가 그 누구의 허락을 받지 않고도 이렇게 당신을 1등석과 조종실까지 보여드릴 수 있고 음료수까지 제공하였지만 이젠 이 일에 대해 사후보고를 하지 않아도 됩니다."

사례 2

1982년 9월 20일 아침, 그날은 스웨덴 사회민주당이 6년 만에 재집권한 다음 날이었다. 코펜하겐행 비행기에서 안내방송을 위해 마이크를 잡은 기장의 첫 멘트, "안녕하십니까? 동무들!", 순간 기내는 '까르르' 소리 내어 웃는 승객들의 웃음소리로 가득했고 덕분에 기분 좋은 이륙과 함께 비행이 시작되었다. 항공사 안내방송 규정집에 사회민주당이 집권하면 이렇게 안내방송을 하라는 규정이 있었을까? 아니다.

최일선 사원에게 매일 똑같은 원고를 읽는 틀에 박힌 안내방송 대신 그날그날 기내 컨디션에 맞는 대화체로 방송하라는 책임과 재량권을 부여받았으므로 기장의 위트 있는 정치풍자 멘트가 가능했고, 승객들이 사회민주당만 생각하면 피식 웃으며 떠올릴 진실의 순간, 즉 스칸디나비아 항공사만의 고객 MOT를 만들어낼 수 있었던 것이다. 그는 경영의 핵심을 유형자산인 항공기에서 눈에 보이지 않는 자산, 즉 고객 로열티로 옮겨놓는 데 성공했다.

적자기업의 취임사장들이 취하는 비용 삭감책을 펴기보다는 5천만 달러라는 거액을 고객서비스 개선 프로젝트에 투자했다. 그 결과 코펜하겐의 교통거점 정비, 정시 출발 운동, 전 사원의 고객서비스 훈련, 마티니에 올리브를 추가하는 기내서비스 부활 등은 취임 첫해 목표수익의 3배 초과달성과 함께 83년 에어 트랜스포트 월드지 선정 '올해의 최우수 항공사'를 수상하는 영예로 이어졌다.

출처: http://www.flysas.com/en/

5. 노드스트롬 백화점

고객에게 절대 NO라고 하지 말라.

- "노드스트롬의 서비스 신화"(로버트 스펙터, 패트릭 D. 매카시, 세종서적, 1997) -

1 노드스트롬 백화점의 고객 중심 기업 문화

고객이 쇼핑하는 동안 고객의 차를 따뜻하게 데워 놓았다는 유명한 일화와 쇼핑하는 동안 주차 위반을 하게 된 고객을 위해서 벌금까지 내어 주었다는 이야기는 노드스트롬의 고객 만족을 위한 서비스 정신을 잘 나타내 주는 사례이다.

(1) 경영 철학

- 최고의 서비스, 다양한 선정, 품질 및 가치

(2) 가족 경영 기업 문화

- 4세대에 이르기까지 100년 동안 가족경영의 전통을 이어오고 있다.

(3) 역피라미드 구조

- 고객을 가장 위로 모시고, 그다음에 일선판매원, 매장 지배인, 총 지배인, 이사회를 두는 역피라미드 조직구조이다.

(4) 현장 경영(Management by Wandering Around)

- 경영자가 돌아다니며 종업원들이나 고객, 기타 조직과 관련된 사람들과 이야기를 나눔으로써 필요한 정보나 의사를 주고받는 것이다.

MBWA

경영진이 현장을 방문해 현장 직원과 의사 소통을 늘림으로써 빠르게 의사 결정을 하도록 하는 경영기법이다. 톰 피터스와 로버트 워터맨이 그들의 저서인 '초우량 기업의 조건'에서 소개한 개념이다. 저자는 "가장 뛰어난 아이디어는 점원과 창고 직원들로부터 나온다."고 강조하면서 수시로 현장을 방문하고 직원의 말을 경청하라고 주문하기도 했다. 배회 경영이라고도 한다.

출처: [네이버 지식백과] 현장경영 [Management by Wandering Around]
(한경 경제용어사전, 한국경제신문/한경닷컴)

(5) 인재 정책

- 외부 고객보다 내부 고객을 먼저 섬겨라
- 모든 규칙과 규정을 없애라

(6) 외부 고객에 대한 감동 정책

- 어떤 경우에도 고객에게 NO라고 하지 않는다.
- 100% 반품의 100% 고객 만족
- 개인별 고객 수첩

(7) 특별한 가격 정책

- 고객이 신뢰할 수 있는 가격을 책정한다.
- 가격 경쟁보다는 서비스 경쟁을 우선시한다.
- 독특한 할인매장 : 노드스트롬랙을 운영하여 재고품, 알려지지 않은 브랜드를 발굴하여 판매한다.

(8) 고객 서비스가 미래 경쟁력이다.

- 실패한 서비스를 기업 발전의 기회로 삼아라.
- 기업의 성공은 고객의 평가에 달려 있다.
- 미래를 바라보는 고객서비스를 해야 한다.
- 한 사람의 불만으로 99명의 고객을 잃을 수 있다.
- 고객 서비스로 미래를 준비한다.

노드스트롬의 고용규칙

노드스트롬이 직원을 고용하는 데 있어서 중시하는 것은 아주 기본적인 것이다. 그들은 천성적으로 친절한 사람을 찾는다.

"우리는 천성적으로 친절한 사람을 고용한 후 판매스킬을 가르칩니다. 판매스킬은 가르칠 수 있지만 친절은 가르친다고 해서 되는 게 아니기 때문입니다."라고 현재 회장직을 맡고 있는 브루스 노드스트롬은 말한다.

그 결과 '미소가 몸에 밴 사람을 고용한 후 업무 스킬을 교육시킨다.(hire th smile, train the skill)'는 것이 노드스트롬의 고용규칙이 되었다.

출처: 노드스트롬식 고객감동서비스의 진수 : 노디스(Nordies)가 되라!
(로버트 스팩터 / 패트릭 매카시 공저)

노드스트롬의 규칙

노드스트롬에 입사하신 것을 환영합니다.
당신을 맞이하게 되어 기쁘게 생각합니다.
우리의 최고 목표는 고객에게 최상의 서비스를 제공하는 것입니다.
개인적 목표와 직업적 목표 모두를 높게 가지십시오.
당신은 그 모두를 이룰 수 있을 거라고 확신합니다.
노드스트롬의 규칙은 다음과 같습니다.

규칙 1. 모든 상황에서 스스로 최선의 판단을 내릴 것
그 외에 규칙은 없습니다. 의문점이 있으면 매장 지배인이나 상점 지배인, 각 부문 지배인에게 물어 보십시오.

사례 1

어느 날 중년의 아주머니가 옷 한 벌을 사곤 비행기를 타러 공항으로 나갔다. 그런데 공항에 가보니 비행기표가 없었다. 서두르다가 그만 비행기표를 노드스트롬 백화점 의류 매장에 놓고 온 것이다. 발을 동동 구르고 있는데 누군가 다가와서 아주머니에게 비행기표를 건넸다. 그 사람은 바로 의류 매장의 여사원이었다. 그녀는 고객이 놓고 간 비행기표를 들고 부랴부랴 공항까지 달려온 것이었다.

사례 2

어떤 노인이 노드스트롬 매장에 타이어를 반품하러 왔다. 그런데 그 타이어는 노드스트롬 매장에서 구입한 것이 아니라 다른 상점에서 구입한 것이었다. 하지만 판매사원은 두말 않고 타이어 값을 즉석에서 내주었다.

사례 3

세일이 끝난 다음 날, 한 부인이 노드스트롬에 바지를 사러 왔다. 그녀는 세일 기간이 끝난 줄도 모르고 자기가 눈여겨 두었던 고급 브랜드의 바지를 사고 싶어 했다. 그런데 그녀에게 맞는 사이즈가 모두 팔리고 없었다. 판매사원은 그녀가 원하는 바지가 백화점 내에 있는지 연락해 보았다. 유감스럽게도 노드스트롬 매장 내에는 그 바지가 없었다. 그러자 건너편 백화점에 알아보았다. 거기에는 고객이 찾는 바지가 있었다. 판매원은 고객이 원하는 바지를 정가에 사와서 세일 가격으로 고객에게 팔았다.

사례 4

한겨울에 노숙자인 듯한 여인이 노드스트롬에 누더기를 걸치고 들어왔다. 백화점 안에는 은은한 향기와 감미로운 피아노 선율이 흐르고 있었다. 여인은 유유히 1층을 돌아보고 2층으로 올라갔다. 그 누구도 남루한 여인을 제지하지 않았다. 2층에 있는 드레스 매장에 들른 여인은 마음에 드는 드레스를 입어보고 잠시 보관해 달라고 얘기했다. 물론 돈은 치르지 않았다. 그 여인은 판매 사원에게 두세 시간 후에 돌아오겠다고 얘기하고 매장을 떠났다. 판매 사원은 그 옷을 별도로 보관했다.

6. 리츠칼튼 호텔

"신사숙녀를 모시는 내가 신사숙녀!"

리츠칼튼 호텔은 1992년 호텔업계 최초로 또한 지금까지 이 업계에서는 유일하게 맬콤 볼드리지 미국 품질 상을 수상했을 뿐 아니라, 1990년 이후 3번이나 미국 최고의 호텔체인으로 선정되었으며, 1994년에는 「컨슈머 리포트」지에 의해 고급호텔 부문에서 총체적인 고객만족도가 가장 높은 호텔로 평가된 바 있다.

(1) 고품격 호텔체인의 개척자

"미국 최초의 고품격 호텔체인이 된다."라는 리츠칼튼의 전략적 목표

(2) 개인별 특성을 고려한 종업원 선발

새로이 설계된 종업원 선발 프로세스의 핵심은 다음과 같은 11가지 영역에 대한 잠재능력을 평가하는 것

- 직업 윤리
- 정확성
- 학습 의욕
- 배려심
- 자존심
- 관계 확대 능력
- 협동 정신
- 적극적 태도
- 공감성
- 서비스
- 설득력

(3) 황금 표준

- 황금 표준은 사훈, 신조, 3단계 서비스, 20가지 기본 지침으로 구성
- "우리는 신사숙녀를 모시는 신사숙녀이다."라는 사훈

(4) 고객 인지 프로그램

리츠칼튼 호텔은 모든 고객에게 규격화된 획일적 서비스를 제공하는 것이 아니라, 고도로 차별화된 개별적 서비스(personalized service)를 제공하는 것으로 유명하다. 외부 전문 조사 기관이 발표한 바에 따르면 이 호텔을 찾은 고객의 95% 정도가 "추억에 남을 만한 방문"이었다는 강한 인상을 받고 호텔을 떠나게 된다고 한다.

리츠칼튼이 제공하는 고도의 개별적 서비스를 가능하게 해 주는 것은 "고객 인지 프로그램(customer recognition program)"이라고 불리는 고객 정보관리 시스템인데, 정보 기술을 이용한 이러한 리츠칼튼의 서비스혁신은 하버드 경영대학원의 교육 과정에도 포함되어 있다.

사례 1 –딱딱한 베개 서비스

어떤 사람이 미국 출장 길에 샌프란시스코의 리츠칼튼 호텔에서 하루를 묵은 적이 있다. 그는 서양식의 푹신한 베개가 싫어서 프런트에 전화를 걸어 좀 딱딱한 베개를 갖다 달라고 요청했다. 어디서 구해왔는지 호텔 측은 딱딱한 베개를 구해 왔고, 덕분에 그날 밤은 기분 좋게 잠자리에 들 수 있었다.

다음 날, 현지 업무를 마치고 다음 목적지인 뉴욕으로 가서 우연히 다시 리츠칼튼에 묵게 되었다. 아무 생각 없이 방 안에 들어간 그는 깜짝 놀랐다. 침대 위에 전날 밤 베던 것과 같은 딱딱한 베개가 놓여 있는 게 아닌가. 어떻게 뉴욕의 호텔이 그것을 알았는지 그저 놀라울 뿐이었다. 그는 호텔 측의 이 감동적인 서비스를 잊지 않고 출장에서 돌아와 주위 사람들에게 입에 침이 마르도록 칭찬했다.

사례 2 – 고객 기호 카드

전 직원은 고객의 기호 사항과 정보를 고객 기호 카드(Guest Preference Card)에 기록하여 고객의 취향에 맞게 개별적인 서비스를 제공하고 있다. 리츠칼튼에서는 종업원들에게 고객에게 직접 물어서 기호를 파악하라고 하지 않는다. 예를 들어 리츠칼튼 서울에 투숙했던 고객이 알레르기가 있는 손님이라면, 이 사실이 고객 기호 카드로 작성되어 제출되고, 이 자료는 컴퓨터 시스템의 고객 이력 파일에 입력된다. 매일 갱신된 고객 이력 파일은 리츠칼튼 체인 전체의 Data Base에 저장된다. 이것을 바탕으로 호텔은 매일 예약자 명단을 확인하고 고객 파일을 열어 고객의 기호를 미리 파악한다. 그리고 나서 고객이 도착하기 전에 어떤 서비스를 할 것인지를 준비한다. 그래서 이 고객에게는 세계 어디에 있는 리츠칼튼에 다시 묵더라도 무자극성 베이비 샴푸가 미리 욕실에 놓여진다.

사례 3 – 고객 코디네이터

리츠칼튼의 모든 체인점에는 한두 명의 고객 코디네이터(guest recognition coordinator)가 근무하고 있는데, 이들의 주요 업무는 자기 호텔에 머무르는 고객의 개인적 취향에 대해 조사하고 고객별로 차별화된 서비스의 제공을 위해 이를 활용하는 일이다.

직원들은 매일 아침 호텔 내의 간부회의에 참석하여 지배인, 객실 관리자, 식음료부 관리자 및 기타 관계자들에게 당일에 투숙할 고객에 대해 자기가 입수한 모든 정보를 제공한다.

예를 들어 투숙 예정 고객이 과거에 체인 내의 어떤 호텔에 투숙하였을 때 아침 일찍 특정 신문을 넣어달라고 부탁한 적이 있다면, 별도의 요청이 없더라도 이 손님이 머무르는 객실에는 새벽에 그 신문이 배달된다. 캔디나 초콜릿을 좋아하는 고객이라면 이들을 작은 상자에 담아 미리 객실에 갖다 놓는다.

직원들이 근무 중에 관찰한 사실도 고객 정보를 보충하는데 이용된다. 모든 직원들은 항상 고객 취향첩(guest preference pad)이라는 작은 수첩을 갖고 다니는데, 고객 서비스 향상에 도움이 될 가능성이 있다고 생각되는 사실을 발견하는 즉시 여기에다가 기록한다. 예를 들어 청소부가 객실 정리를 하다가 테니스 라켓과 신발 및 테니스 잡지가 방 안에 있는 것을 보았다면 "301호실에 투숙한 버틀러 씨가 테니스를 좋아하는 것 같다."라고 기록한 뒤, 이를 고객 코디네이터에게 전해 준다. 이를 전달받은 코디네이터는 해당 직원에게 테니스장 개방 시간과 고객에게 도움이 되는 기타 서비스 정보를 제공해 주라고 주의를 환기시킨 다음 이 정보를 데이터베이스에 입력한다.

슐츠(H. Schulze) 전 회장의 발언

"고객을 100% 만족시키지 못하고 있다면 개선해야지. 내가 고객 만족이라고 할 때에는 그냥 만족한 정도를 의미하는 것이 아니야. 당신이 하고 있는 일에 대해 고객이 짜릿한 흥분을 느끼도록 해야만 해… 100% 고객 만족을 달성했다면 이제 그들 마음이 언제 바뀔지 세심히 계속 살펴봐야 해. 이렇게 하면 당신도 같이 따라서 변하게 될 거야."

1 리츠칼튼 호텔의 사례가 주는 교훈

(1) 현장을 가장 잘 아는 사람은 일선직원이다.

신속한 불만 처리를 위한 리츠칼튼의 확고한 의지는 다음과 같은 업무지침에 잘 나타나 있다.

"고객 불만이나 불편을 접수한 직원은 자신의 업무 영역이 아니더라도 직접 책임지고 조처한다. 동료 직원이 고객의 불만 해소나 요구 충족을 위해 도움을 요청하면 자신이 맡은 업무가 무엇이든지 간에 반드시 협조해야 한다."

또한 리츠칼튼 호텔에서는 고객의 불만 해소를 위해서라면 상사 사전승인 없이도 2,000달러까지 지출할 수 있도록 종업원들에게 권한이 위임되어 있다. 예를 들어 실수로 손님의 옷에 커피를 쏟았다면 직접 옷을 사주기도 하고, 객실배정에 착오가 있었다면 정중한 사과의 의미로 포도주나 과일바구니를 고객에게 선물할 수도 있다. 이처럼 세계적 수준의 조직에서는 '고객과 현장을 가장 잘 아는 사람이 일선직원이기 때문에 그들에게 마땅히 권한을 위임한다.'는 서비스 철학을 갖고 있다.

리츠칼튼 호텔의 사례는 이러한 철학이 실제로 어떻게 구현되고 있는가를 잘 보여주고 있다.

(2) 선행형 고객 만족 시스템을 구축하라.

'고객이 먼저 불만을 제기하면 필요한 사후 조처를 해주겠다.'는 것이므로 '대응형 시스템'이라고 한다. 일반적으로 불만이 있는 고객 중 자신의 불만을 공식적인 경로를 통해 해당 기업에 전달하는 사람은 전체의 5%에 불과하다. 이러한 '빙산의 일각현상'을 극복하기 위해서는 고객이 말해주지 않더라도 잠재되어 있는 그들의 불만을 알아낼 수 있는 '선행형 시스템'이 필요하다. 리츠칼튼 호텔의 '고객 인지 프로그램'은 정보 기술을 이용한 탁월한 선행형 시스템이다.

출처:http://www.ritzcarlton.com/en/hotels/californi

서비스 명언

- 자신이 하는 일을 사랑하지 않으면 그 일을 해내는 최상의 방법을 발견할 수 없다. - 일본 속담 -
- 단순히 경청하는 것만으로는 많은 것을 이룰 수 없다. 고객에게 당신이 경청했다는 것을 느낄 수 있게 해주어야 한다. - 데이비드 래덕, 암달사 부사장 -
- 중요한 것은 고객을 분노시키는 큰 문제가 아니라 고객을 짜증나게 만드는 작은 일이다. - 얼 플레처, 경영 트레이너 -
- 행동이 뒤따르지 않는 비전은 꿈과 같다. 비전이 없는 행동은 무작위적인 행동과도 같다. 비전과 행동이 함께할 때 세상을 바꿀 수 있다. - 조엘 바커, 미래학자 -
- 당신이 제품의 질과 고객 서비스에 대해 심각하게 생각하면서도 당신에게 주어진 시간의 35%를 그것에 투입하지 않는다면 당신은 그것을 진정으로 심각하게 생각하는 것이 아니다. - 톰 피터스, 컨설턴트 -
- 부정적인 태도는 긍정적인 모든 능력들을 무용지물로 만든다. - 버드 바게트, 저술가 -
- 진정으로 사람을 좋아하는 사람들, 남을 돕는 데서 만족을 찾는 사람들, 서비스를 베푸는 데 최선을 다하는 사람들 - 노드스트롬의 직원 채용광고문구 중 -
- 우리들의 일은 비행기를 날게 하는 것이 아니라 사람들의 여행에 봉사하는 것이다. 우리의 업무 가운데 반드시 최우선적으로 고려되어야 할 것은 서비스를 좀 더 향상시키는 일뿐이다. 고객을 중시하지 않는 기업치고 오래가는 기업이 없다. - 얀 칼슨 -
- 우리는 남의 말을 잘 들어주고, 다른 사람을 생각하고, 미소를 잘 짓고, '감사합니다'라는 말을 할 줄 아는 다정한 사람을 찾습니다. - 콜린 바레트, 사우스웨스트 항공사 부사장 -
- 고객을 아는 것은 바로 색맹검사를 통과하는 것과 같다. - 칼 알브레히트, 컨설턴트 -
- 고객의 입장에서 볼 때, 볼 수 있거나 잡을 수 있거나 냄새를 맡아볼 수 있거나 휴대해 볼 수 있거나 만져볼 수 있거나 맛을 볼 수 있거나 느낄 수 있는 것이 있다면 그것은 다름 아닌 고객 서비스이다. - 슈퍼아메리카 교육 프로그램 -
- CS의 뿌리는 아름다운 마음으로, CS의 줄기는 아름다운 행동으로, CS의 열매는 아름다운 습관으로 만들어진다. - 작자 미상 -
- 미소 짓지 않으려거든 가게 문을 열지 말라. - 유태인 속담 -
- 자기에게 이로울 때만 남에게 친절하고 어질게 대하지 말라. 지혜로운 사람은 이해 관계를 떠나서 누구에게나 친절하고 어진 마음으로 대한다. 왜냐하면 어진 마음 자체가 나에게 따스한 체온이 되기 때문이다. - 파스칼 -
- 너그럽고 상냥한 태도, 그리고 사랑을 지닌 마음, 이것은 사람의 외모를 아름답게 하는 말할 수 없는 큰 힘인 것이다. - 파스칼 -

Chapter 13 고객 만족 성공 사례

서비스 업종 중 한 곳을 선정하여 그 기업의 차별화된 고객 만족 전략에 대하여 토론해 봅시다.

업종별 고객 서비스 성공 사례와 실패 사례에 대하여 조사하여 토론해 봅시다.

고객응대실무

참고문헌

- 김경호, 타고난 생김새는 어쩔 수 없다. 그러나… (서울 : 문화마당), 1999.
- 김경호, 이미지 형성 이론, 연세대학교 경영대학원 자료집, 2000.
- 김문선, MOT 접점 의료관광 실무중국어교재 개발 및 지도방안 연구, 상명대학교 교육대학원 석사학위논문, 2015.
- 김태웅, 품질경영의 이해, 신영사, 2015.
- 대한항공(https://kr.koreanair.com/korea)
- 래리킹, 대화의 법칙, 강서일, 청년정신, 2004.
- 로버트 스펙터 외, 노드스트롬의 서비스 신화, 이수영, 세종서적, 1997.
- 사우스웨스트항공(www.southwestaircommunity.com/)
- 서강훈, 사회복지 용어사전, 이담북스, 2013.
- 심윤정·심재연, 고객서비스실무, 한올, 2016.
- 스튜 레오나드(www.stewleonards.com)
- 아시아나항공(http://www.flysas.com/en/)
- 양미, 항공사 서비스회복 연구, 경기대학교 대학원 박사논문, 2007.
- 이현정·백지연·문가경, CS리더스 관리사, 신지원, 2016.
- 오정주·권인아, 비즈니스매너와 글로벌에티켓, 2016.
- 윤세남·김화연·최은영, SMAT 서비스경영자격, 박문각, 2016.
- 전인수·배일현, 서비스마케팅, 맥그로우힐, 2006.
- 한국능률협회(http://www.kma.or.kr)
- 한국생산성본부(http://mat.or.kr/board/)
- 『2021 정부의전편람』 행정안전부 정책자료.

- Bitner, M. J. (1993). Managing the evidence of service. The service quality handbook, 1, 358-370.
- Johnston, T. C. and Hewa, M. A. (1997), "Fixing Service failures," Industrial Marketing Management, Vol. 26, 467-473.
- Lovelock, C. (1994). Product Plus: How Product+Service=Competitive Advantage.
- Parasuraman, A., Zeithaml, V. A., & Berry, L. L. (1985). A conceptual model of service quality and its implications for future research. the Journal of Marketing, 41-50.
- Parasuraman, A., Zeithaml, V. A., &Berry, L. L. (1988). Servqual: A multiple-item scale for measuring consumer perc. Journal of retailing, 64(1), 12.
- Zemke, R. (1993). The art of service recovery: Fixing broken customers and keeping them on your side. The service quality handbook, 463-476.
- Zemke, R., Bacon, T. R., & Bell, C. R. (2000). Knock your socks off service recovery. AMACOM Div American Mgmt Assn.

고객응대실무

저자 소개

| 백지연 |

한양대학교 경영학 박사

現) 한양대학교 경영대학원(MBA) 겸임교수
인하공업전문대학 항공경영과 겸임교수
한국고객서비스협회 교육원장
성동구청 지방보조금 심의위원
EBS교육방송, 한국사이버평생교육원 외 강의콘텐츠 개발교수

前) 한양대학교 경영학부 겸임교수
농협대학교 겸임교수
숭실사이버대학교 평생교육상담학과 강사
대구사이버대학교 강사
한국표준협회 경영전문위원
배화여자대학교 경영과, 비서행정과, 글로벌관광과 외래교수
배화여자대학교 글로벌관광과 산업체현장 전문위원
대한항공 VIP LOUNGE 근무 및 공항 지상직 파트 CS교육총괄

저서
• 리더십의 이해, 한올
• CS리더스 관리사, 공저, 신지원
• 텔레마케팅 관리사, 공저, 신지원

고객응대실무

2018년 2월 15일 초판1쇄 발행
2019년 2월 10일 2 판1쇄 발행
2022년 8월 25일 3 판1쇄 발행

저 자 백 지 연
펴 낸 이 임 순 재
펴 낸 곳 (주)한올출판사
등 록 제11-403호
주 소 서울시 마포구 모래내로 83(성산동, 한올빌딩 3층)
전 화 (02)376-4298(대표)
팩 스 (02)302-8073
홈페이지 www.hanol.co.kr
e-메일 hanol@hanol.co.kr
ISBN 979-11-6647-261-9

고객응대실무